本书得到中国青年政治学院出版基金资助

中/青/文/库

高管特征与股权激励
对企业绩效的交互影响研究

白　洁◎著

中国社会科学出版社

图书在版编目（CIP）数据

高管特征与股权激励对企业绩效的交互影响研究／白洁著 . —北京：
中国社会科学出版社，2016.2
ISBN 978 – 7 – 5161 – 7492 – 0

Ⅰ.①高… Ⅱ.①白… Ⅲ.①企业绩效—企业管理—
研究 Ⅳ.①F272.5

中国版本图书馆 CIP 数据核字（2016）第 017931 号

出 版 人	赵剑英
责任编辑	李炳青
责任校对	刘 娟
责任印制	李寡寡

出 版	中国社会科学出版社
社 址	北京鼓楼西大街甲 158 号
邮 编	100720
网 址	http://www.csspw.cn
发 行 部	010 – 84083685
门 市 部	010 – 84029450
经 销	新华书店及其他书店

印 刷	北京君升印刷有限公司
装 订	廊坊市广阳区广增装订厂
版 次	2016 年 2 月第 1 版
印 次	2016 年 2 月第 1 次印刷

开 本	710 × 1000 1/16
印 张	9.75
字 数	156 千字
定 价	36.00 元

《中青文库》编辑说明

　　《中青文库》，是由中国青年政治学院着力打造的学术著作出版品牌。

　　中国青年政治学院的前身是 1948 年 9 月成立的中国共产主义青年团中央团校（简称中央团校）。为加速团干部队伍革命化、年轻化、知识化、专业化建设，提高青少年工作水平，为党培养更多的后备干部和思想政治工作专门人才，在党中央的关怀和支持下，1985 年 9 月，国家批准成立中国青年政治学院，同时继续保留中央团校的校名，承担普通高等教育与共青团干部教育培训的双重职能。学校自成立以来，坚持"实事求是，朝气蓬勃"的优良传统和作风，秉持"质量立校、特色兴校"的办学理念，不断开拓创新，教育质量和办学水平不断提高，为国家经济、社会发展和共青团事业培养了大批高素质人才。目前，学校是由教育部和共青团中央共建的高等学校，也是共青团中央直属的唯一一所普通高等学校。学校还是教育部批准的国家大学生文化素质教育基地、全国高校创业教育实践基地，是中华全国青年联合会和国际劳工组织命名的大学生 KAB 创业教育基地，是民政部批准的首批社会工作人才培训基地。学校与中央编译局共建青年政治人才培养研究基地，与国家图书馆共建国家图书馆团中央分馆，与北京市共建社会工作人才发展研究院和青少年生命教育基地。2006 年接受教育部本科教学工作水平评估，评估结论为"优秀"。2012 年获批为首批卓越法律人才教育培养基地。学校已建立起包括本科教育、研究生教育、留学生教育、继续教育和团干部培训在内的多形式、多层次的教育格局。设有中国马克思主义学院、青少年工作系、社会工作学院、法学院、经济管理学院、新闻传播学院、公共管理系、中国语言文学系、外国语言文学系9个教学院系，文化基础部、外语教学研究中心、计算机教学与应用中心、体育教学中心4个教学中心（部），中央团校教育培训学院、继续教育学院、国际教育交流学院等3个教育培训机构。

学校现有专业以人文社会科学为主，涵盖哲学、经济学、法学、文学、管理学、教育学6个学科门类，拥有哲学、马克思主义理论、法学、社会学、新闻传播学和应用经济学6个一级学科硕士授权点、1个二级学科授权点和3个类别的专业型硕士授权点。设有马克思主义哲学、马克思主义基本原理、外国哲学、思想政治教育、青年与国际政治、少年儿童与思想意识教育、刑法学、经济法学、诉讼法学、民商法学、国际法学、社会学、世界经济、金融学、数量经济学、新闻学、传播学、文化哲学、社会管理19个学术型硕士学位专业，法律（法学）、法律（非法学）、教育管理、学科教学（思政）、社会工作5个专业型硕士学位专业。设有思想政治教育、法学、社会工作、劳动与社会保障、社会学、经济学、财务管理、国际经济与贸易、新闻学、广播电视学、政治学与行政学、汉语言文学和英语13个学士学位专业，同时设有中国马克思主义研究中心、青少年研究院、共青团工作理论研究院、新农村发展研究院、中国志愿服务信息资料研究中心、青少年研究信息资料中心等科研机构。

在学校的跨越式发展中，科研工作一直作为体现学校质量和特色的重要内容而被予以高度重视。2002年，学校制定了教师学术著作出版基金资助条例，旨在鼓励教师的个性化研究与著述，更期之以兼具人文精神与思想智慧的精品的涌现。出版基金创设之初，有学术丛书和学术译丛两个系列，意在开掘本校资源与迻译域外精华。随着年轻教师的增加和学校科研支持力度的加大，2007年又增设了博士论文文库系列，用以鼓励新人，成就学术。三个系列共同构成了对教师学术研究成果的多层次支持体系。

十几年来，学校共资助教师出版学术著作百余部，内容涉及哲学、政治学、法学、社会学、经济学、文学艺术、历史学、管理学、新闻与传播等学科。学校资助出版的初具规模，激励了教师的科研热情，活跃了校内的学术气氛，也获得了很好的社会影响。在特色化办学愈益成为当下各高校发展之路的共识中，2010 年，校学术委员会将遴选出的一批学术著作，辑为《中青文库》，予以资助出版。《中青文库》第一批（15 本）、第二批（6 本）、第三批（6 本）、第四批（10本）陆续出版后，有效展示了学校的科研水平和实力，在学术界和社会上产生了很好的反响。本辑作为第五批共推出 13 本著作，并希冀通过这项工作的陆续展开而更加突出学校特色，形成自身的学术风格与学术品牌。

在《中青文库》的编辑、审校过程中，中国社会科学出版社的编辑人员认真负责，用力颇勤，在此一并予以感谢！

目　　录

图表目录

第一章 导论

第一节 研究的现实背景与问题提出

企业高层管理人员特征与股权激励是否会对企业绩效产生交互影响，探讨这一问题是本研究的根本出发点。

高层管理者对企业的重要性不言而喻，高层管理力量对企业绩效的影响早已是管理领域广泛研究的重要话题，有学者指出，"对于战略学者以及实践者来说，几乎没有比在组织战略层次的人与组织绩效关系更重要的话题"（Pitcher & Smith, 2001）。作为企业战略制定的核心层，高管团队的有效运作是企业目标得以实现的重要保证。大量实践和理论研究也早已证明，高管人员作为核心战略层，对于企业绩效具有重要影响。从世界范围内来看，自 20 世纪 30 年代以来，随着企业所有者与经营者之间委托—代理关系的普及，如何解决由此所产生的企业所有权与控制权分离的问题，成为企业对高管人员进行合理激励与约束时所需考虑的新情况。有效的高管人员管理包括两个关键方面：一是监督与控制机制的建立；二是激励制度的设计。其中，如何有效激励高管人员是众多企业一直在思考和探索的命题。

在此问题上，企业最为重要的管理手段之一就是股权激励。在发达国家，股权激励早已成为企业薪酬机制的重要组成部分（Hall & Liebman, 1998；Murphy, 1999）。企业业绩好了，高管人员所持有的股权与期权的价值就会升高，相应获得的个人回报也会增加。由此，股权激励与期权激励促使高管人员的行为与企业利润最大化的目标实现一致。在这种情况下，高管人员不但要关心公司的现在，更要关心公司的未来（朱克江，2002），高管与企业股东之间形成利益共同体。于是，由美国带头开始，世界各国的企业都先后建立起自己的高管股权激励制度并日益完善。从结果上来看，近 20 年来美国企业所获得的竞争力提高，分析其原因，其长期激励机制功不可没（吴敬琏，2002）。同时，学术界也通过实证研究证明：与基本工资和年度奖金等传统薪酬机制相比，股票期权等长期激励机制的效果较好，随着股票期权等长期激励机制使用规模的扩大，高管人员整体薪酬业绩的弹性会增大，激励效果也得到加强（周建波，2003）。由此，股权激励早已成为 20 世纪 80 年代以来西方企业最富有成效的激励制度之一，据统计，全球 500 强中有超过 85% 的企业都对高层管理者实施了股权激励。[①]

而我国股权激励制度起步较晚，直到 20 世纪 90 年代，我国上市公司才开始借鉴股权激励管理办法。在 2005 年之前，管理层股权激励计划一直处于摸索阶段，直到 2005 年股权分置改革之后，股权激励制度才真正得到了较快的发展，各项配套法律法规也逐步得以颁布实施，这为我国上市公司建立规范的股权激励制度提供了法律上的支持和保障，一些优秀的公司也通过制订合理的股权激励方案，促进了业绩的增长，提升了股东的价值，上市公司针对管理层的股权激励才真正开始进行并得到迅速发展。根据 Wind 资讯数据整理可见，我国上市公司高管持股公司数是从 2005 年左右开始飞速发展的，图 1-1 和图 1-2 所示的即以我国 A 股上市公司为代表的相关情况：

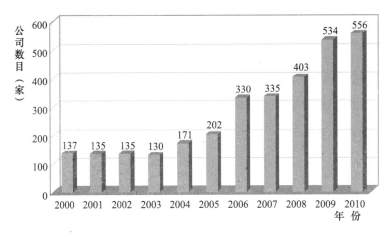

图 1-1　我国 A 股上市公司实施高管股权激励公司数

---

① 数据来源：《证券日报》2008 年 2 月 15 日。

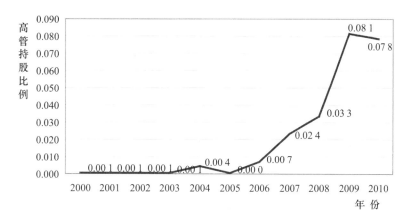

图 1 - 2 我国 A 股上市公司高管持股比例

由图示可见，对于我国 A 股上市公司来说，除个别年份之外，实施股权激励的公司与高管持股比例整体上都呈上涨趋势。但在这些数字成就的背后，还有一些实际情况也不容忽视，即我国目前仍处于资本主义市场建立的初级阶段，所以高管股权激励制度的实施相对于西方发达国家而言仍较不完善，从试点试行到政策法律的正式执行，也只经历了十来年而已，所以在实际效用方面具有一定的局限性。对此，学术界与实践界也都存在不少质疑的声音，常见的争论比如有：上市公司高管领取报酬较低，甚至还出现了"零报酬"的现象，这种不在公司拿任何报酬的管理人员让投资者们不大放心（魏刚，2000）；另外还有持股比例偏低的情况，魏刚（2000）的一项研究中指出，我国上市公司高级管理人员平均持股 19620 股，占公司总股本的比例仅为 0.1014 %；再者是"零持股"问题也很严重（魏刚，2000；吴剑峰，2010）。本书据Wind 资讯数据统计，截至到 2010 年底，在我国上市公司中高管零持股公司所占比例高达 45%。除此之外，股权激励在实际效用上也存在不少问题，比如说公司经营权方面的内部人控制现象，往往使股权激励变成分红包等福利制度，根本没有体现出剩余价值索取权的激励效应，典型的比如伊利的天价股份与凯迪电力的低行权条件等事件，使人们怀疑经理层持股计划更多的是一种福利安排，其只是为了合法地提高经理层报酬的一种手段。

围绕这些问题，学术界与实践界已进行了大量的研究与探讨，多是从公司层面的内部治理结构改进完善角度，来探讨我国企业高管股权激励制度的合理搭建与实施问题，为我国企业组织层面上的高管股权激励管理提出了很多有益建议。但是在组织制度环境建设逐步推进完善的同时，还有另外一方面的重要影响因素其实也不容忽视，那就是从高管自身特征角度出发，来探索股权激励的实施效用。

这一点不难理解，我们知道对于高管人员来说，股权激励制度在一定程度上增加了其自身收益的不确定性，同时也强化了他们的回报与收益的未来性，是具有一定风险性与长期性的薪酬设计。那么从股权激励的风险性与不确定性的特点出发来看，现实中不排除有这样的一部分高层管理者，他们本身属于风险厌恶型人员，偏好相对稳妥和稳健的薪酬设计，那么对于这些人而言，增加了灵活性与不确定性的、强调未来长期回报的股权激励制度，无疑对其的吸引力会降低，甚至会使他们产生逆反心理。而怀有这类心理反应的高管人员有可能从其人口统计学特征上得以反映，比如拿高管年龄来说，不同年龄的高管所具有的心态与心理反应可能会烙有一定的时代特征，极端的例子比如说在很多"90后"中可能有"请即刻为我做的事支付报酬"——这种看重短期激励制度的心态；年龄较长的高管也许会认为外界环境变化无常，出于对风险保障的担心会觉得短期现金回报更加安全，更倾向于接受短期的现金回报。又比如高管上任时限，对于某些处于体制之内的、薪酬灵活度较受约束的高管，以及那些进入工作岗位年限相对尚短，自身财富的积累需求仍处于较为强烈与紧迫的阶段的高管人员来说，注重长期回报的股权激励也未必能对这些人产生理想的效用。

总之，股权激励制度是否有效这一问题，在不同的高管身上得出的答案不同，这里存在一个高管股权激励的实施是否能与高管个人实现良好匹配的问题。进一步而言，股权激励对基于高管特征的高管行为方式所产生的影响，以及这种影响又会对企业绩效产生什么作用，是一个值得探讨的未知领域。高管特征与股权激励之间的交互作用会对企业绩效产生什么影响，这正是本书所致力于解决的问题。

围绕这一问题，本书在进行理论探讨的基础上，以中国上市公司样本做实证检验，来尝试做以回答。在回答之前，本书首先从高管特征与企业产出之间的关系出发，找到合适的理论分析视角。

第二节　研究的理论背景与视角选择

这一问题追本溯源其实是组织理论中的一个关键性议题，即为什么组织会如此行事？组织做事的原因和依据是什么？在早期战略理论范畴中，学者们认为组织是在技术和经济因素的推动影响下做事情的（Harrigan，1980；Poter，1980；Hambrick，MacMillan & Day，1982），倾向于将组织定义为有目标的实体，主要从外部环境与组织内在实力两方面来探讨企业的战略取向。受早期经济学研究范式的影响，在这一时期内，理论界多是将组织中的战略决策者看作是完全理性的、具有同质性特点，其所做行为是追求组织效能最大化的经济过程。后来随着研究的推进，开始了对"战略过程"的研究，此时有学者提出组织行为取决于组织的信息与决策的观点，而这些信息与决策是由组织中的人作出的，由此开始关注这些人对组织产出的影响（Bourgeois，1980；Allen，1981）。

而组织中的这些重要的人即为企业的高层管理人员，既包括 CEO 等核心高管人员个体，也包括企业的高层管理团队。这个概念最初是在 1963 年由学者 Cyert 与 March 所提出，高管人员是指企业战略决策的主要制定者，一般处于企业最高战略制定与执行层，拥有很大的企业经营管理决策与控制权，负责整个企业的组织与协调，决定着企业的战略与整体经营绩效（Cyert & March，1963）。这也正如 Tushman（1978）研究所表明的：高管信息处理能力受到其所拥有知识和技能的数量、信息处理方式以及各成员相互之间联系方式的影响，而团队成员的构成特征、成员间的交互方式又会对企业整体战略决策效率和效果产生影响，进而影响到企业的绩效表现。

由此，越来越多的研究者开始关注高层管理人员与企业行为及产出的问题，逐渐积累了丰硕的研究成果，从刚开始只关注高管团队构成，到团队进程与构成的相结合研究，再到加入内外情境的研究，不断深化对高层管理者有效性的探讨。从最主流的研究学派角度看，该领域研究可以分为以下三类：第一类是从组织行为学角度入手的领导力理论研究；第二类是从企业战略与治理结构角度出发的代理理论研究；第三类是从高管人口统计学特征入手的高阶理论研究。

　　三种学派的研究在各自领域内都取得了很大的成就，但其理论框架下各研究结论之间经常会出现分歧与矛盾，削弱了理论研究的实践指导意义。究其原因，问题主要出自各理论的内在局限性：代理理论更看重企业对高管人员的激励与约束管理，对高管的治理环境更为敏感，强调企业的董事会构成与权力分配，但忽视了高管本身所具有的偏好与性格（Jensen & Zajac，2004）；高阶理论领域中的研究则是缺乏心理测量，"黑匣子"问题的存在使得高管特征与组织产出之间影响的内在机理不明；传统的组织行为学派研究则太过注重不可观测的心理状态（比如感觉、态度等），而对基本的结构性前因变量（如组织成员的人口统计学构成特征等）产生忽视（Pfeffer，1983）。

　　随着研究的推进，各学派学者们也开始尝试如何突破这些局限。比如高阶理论逐步开始深入到"黑匣子"中去，研究高层管理者人口统计学特征对企业产出造成影响的内在作用机理。同时，引入管理情境研究，对相关调节效应进行探索，另外还从企业内在管理行为所带来的监控与激励效应角度出发，深化对二者关系的探讨；代理理论的研究者们也添加了很多情景因素来解释高管对于企业产出的作用（Balkin & Gomez-Mejia，1990），在研究高管激励时开始考虑一些调节因素，如组织生命周期（Balkin & Gomez-Mejia，1987）、组织战略（Balkin & Gomez-Mejia，1990）、组织多样性（Finkelstein & Boyd，1998），等等。也有不少文献研究得出高管特征会影响到他们的认知、动机和行为的结论，比如说高管存在个性的不同（Peterson et al.，2003）、价值观的不同（Agle，Mitchell & Sonnenfeld，1999）、经历的不同（Bigley & Wiersema，2002）以及能力的不同（Palia，2000），指出这些差异都会使高管在面对薪酬设计时产生不同的反应，而这种反应的不同又会影响到企业产出。

　　但从整体来看，在目前已有的文献研究中，这三种理论之间基本上还是"背靠背"的研究模式。由此，本书就思考一个命题，是否可以找到一个切入点，尝试将这些针对同一问题的、处于不同领域中的理论统筹结合考虑，提出一个交互作用模型并进行实证检验，由此来推动理论的发展完善，即从多理论整合视角出发，将高阶理论与代理理论结合考虑，来研究高管特征与股权激励对于企业绩效的交互影响。

虽然很少有研究直接聚焦于高管特性与激励之间交互作用对于高管行为和组织产出的影响，也很少有研究直接探讨高管特征与薪酬激励机制之间的匹配与否的问题（Hambrick，2010）。但还是存在一些零散研究对高管人员与激励之间的关系稍作探索，表明除了研究高管特征所决定的决策能力之外，也不能忽视外在激励对其决策动机的影响：首先，在微观层次上，有研究证明风险厌恶型个体更偏好较为固定的薪酬设计，对于灵活性的部分没有兴趣，即使灵活的薪酬设计有可能提高他们所获得的报酬（Cable & Judge，1994）。与此类似，Cadsby，Song 和Tapon（2007）通过研究也发现，对于风险回避型高管，即使企业采取了激励管理机制，行为表现上的改变也不明显；其次，在宏观研究层面上，有学者发现 CEO 任期会影响到股权激励与公司收购行为和多样化行为之间的关系，提出股权激励所带来的风险规避行为在 CEO 任期的影响下会变得更为突出的观点（Sanders，2001）。Cho 和 Hambrick（2006）曾以美国大型航空公司为研究对象做实证检验，得出 CEO 等高层管理者的人口统计学特征与薪酬体系设计确实对企业战略有显著影响的结论。

总之，微观和宏观两层次的现有研究情况都表明，研究高管特性与激励对企业绩效交互影响这一问题很有前景，增强了本书整合高阶理论与代理理论为理论视角，从理论上探讨高管特征与股权激励之间对于企业绩效的交互影响作用，并以中国上市公司为样本做实证检验的信心。

第三节 研究内容与流程技术

一 主要研究内容

从现实背景与理论背景出发，本研究主要通过如下两部分内容展开：第一部分，高管特征与股权激励对于企业绩效交互影响的理论模型的构建；第二部分，以中国上市公司为样本，对理论模型中的高管特征与股权激励对于企业绩效的交互影响做实证检验。具体章节构成上分为导论、文献与评述、理论与假设、测量与方法、结果与分析，以及结论与讨论六大部分，下图 1-3 给出了本书总体的内容结构：

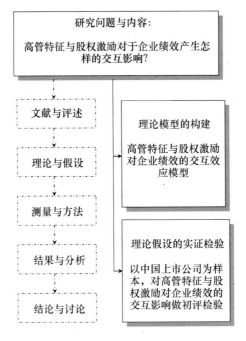

图1-3 本书主要研究内容

各章节内容简要介绍为：

第一章，导论。介绍本书研究的现实背景与问题的提出、理论背景与研究视角的选择、研究内容与流程技术、研究目的与意义，以及研究的创新与不足。

第二章，文献与评述。围绕高管特征对于企业产出有怎样的影响，以及高管股权激励对于企业产出有怎样的影响这两个问题，分别回顾了高阶理论与代理理论研究领域中的已有成果，并作出相关评述。在前人已有研究的基础上，本部分内容为研究模型的建立与研究假设的提出做好前期准备。

第三章，理论与假设。在对高阶理论与代理理论研究回顾的基础上，本部分内容通过理论推导搭建了高管特征与股权激励二者交互作用对于企业绩效产生影响的理论模型，并对模型所涉及各部分内容之间的关系从理论上进行了深入分析，探讨企业为何会实施股权激励，以及在实施股权激励之后具有不同特征的高管人员会发生怎样的心理反应，这种反应所导致的行为又会如何影响到企业绩效，由此对研究问题进行理论探讨与预先回答。同时，对于高管特性与高管持股对企业绩效的交互影响作用，导出五个具体理论假设，以便开展后续的实证研究。

第四章，测量与方法。这部分主要是有关研究设计的内容：首先介绍了本研究的样本选择方法与数据来源，并对所得样本的情况进行了介绍；其次针对理论假设部分所涉及的具体变量进行了操作性界定，包括自变量（高管年龄大小、高管教育水平、高管任期长短、高管任期异质性、高管持股比例）、因变量（企业绩效），以及控制变量（行业、国有股比例、股权集中度、两职合一、独立董事持股比例、企业规模、高管团队规模），同时对这些变量所选用的测量方法进行了说明；最后介绍了本书所使用的普通最小二乘（OLS）多元回归统计检验方法。

第五章，结果与分析。本部分内容对假设检验的具体操作步骤与相关结果进行了描述与分析。首先介绍了描述型统计分析结果，包括各变量的均值水平、标准差以及相关关系矩阵，接着通过五项回归检验，对五个研究假设进行了考察，验证了高管年龄与持股比例对企业绩效存在负向交互作用，高管教育水平与持股比例对企业绩效存在正向交互作用，以及高管任期长短与持股比例对企业绩效存在正向交互作用。

第六章，结论与讨论。根据理论分析与实证检验的结果，本部分针对研究问题给出研究结论并予以讨论。在此基础上，针对研究的进一步深化提出了一些可供选择的方向。最后，根据本书研究结果为实践中管理方法的改进提供了一些参考建议。

二　研究流程与技术

本研究整体上走的是规范研究与实证研究相结合的路线，总体上遵循"理论假设的导出—确定研究样本与变量测量方法—收集与整理数据和相关信息—进行统计分析—描述分析统计检验结果—形成研究结论并展开讨论"的技术路线。在规范研究方面，以高阶理论与代理理论的结合为基础，经过理论演绎推导，构建了高管特征与股权激励的交互效应模型，推导二者之间相互作用对企业绩效的可能影响，并对其中的作用机理从理论上进行分析解释。在实证研究方面，本书以中国上市公司为样本，选取了2000—2010年的数据构建面板数据，并采用普通最小二乘回归法（OLS）来进行统计分析检验。具体研究流程如图1－4所示，即首先围绕研究问题，在对相关文献进行回顾与评述的基础上，阐述理论原理并构建本研究理论模型；其次是导出理论模型部分的研究假设；接下来是对所提假设进行合理的研究设计来开展实证检验，包括中国上市公司样本的合理选取，在对相关变量进行操作化界定的基础上选择测量指标与方法等；然后是收集整理数据，利用 SPSS 软件进行回归检验分析；最后是根据研究结果进行分析，得出本书研究结论并展开相关讨论。

图 1-4　本书研究流程

在此过程中，本书综合使用的研究方法主要包括以下几种：第一，文献研究法。围绕研究问题，本书通过大量的文献收集、整理、阅读与思考，来找寻可以入手的理论视角，明确本研究的起点，并通过对相关理论已有研究成果的消化与吸收，学习实现本研究目的的研究方法；第二，演绎法。由高阶理论和代理理论出发，分别结合二者在高管特征对于企业产出的作用，以及股权激励对于组织产出的作用等方面的理论与逻辑，推导构建了高管特征与股权激励对于企业绩效的交互影响效应模型；第三，专家评定法与专家访谈法。在根据竞争激烈程度来对行业进行划分的部分，本书采用了专家评定法对行业五大方面的表现进行评价，在此基础上对评价结果采用专家讨论法予以审核和确定；第四，实证研究法。以我国上市公司为研究对象，根据研究设计进行抽样并对数据进行收集与整理之后，对变量做描述型统计分析，并采用分层多元回归方法对所提假设是否成立进行检验。

除此之外，从整体研究取向上来看，规范分析部分是从西方理论视角出发，借助于已有理论的概念与原理来构建本书研究模型，而实证检验部分则是根据中国上市公司为样本做的检验，这其中就会涉及一个情境研究问题。对于情境研究问题，徐淑英（2006）曾指出一般存在两种研究取向，其一是应用型取向，即将西方已有理论运用到中国的情境中，在理论语境一致的基础上，用中国样本做实证检验，验证理论运用的普遍性和一般性；其二是创造型取向，即根据本土实际情况来提取特定的研究问题，推导特定的理论假设并开发相对应的测量工具。本研究遵循了应用型取向，理论模型的推导与分析完全是依据西方高阶理论和代理理论的理论语境而进行，只在实证检验的结果分析与讨论部分，引入了中国情境因素来对结果进行分析。

第四节　研究目的与意义

本书研究目的主要包括以下三个方面：

首先，针对目前在高管与组织之间关系的研究上，出现各主要研究流派所得结论不尽一致，甚至是相互矛盾的情况，本书结合高阶理论与代理理论，从高管特征与股权激励两方面入手，搭建二者交互作用对于企业绩效影响的理论模型，并对其中的内在作用原理进行推导分析，包括：企业为何会实施股权激励，实施股权激励之后不同特征的高管心理会发生什么变化反应，这种反应会对其行为带来什么影响，而这种影响又会如何影响到企业绩效。

其次，根据理论模型，利用中国上市公司为样本做实证检验，对理论模型中所涉及的高管特征与股权激励对企业绩效所产生的交互影响作用，用实际数据来做验证，并根据已有研究结论对比本书所得结果进行分析讨论，比较双方之间是否存在差异，以及对可能导致这些差异的原因进行分析。

最后，根据理论与实证研究结果，分析说明在企业管理实践过程中，是否存在高管特征与股权激励相匹配的问题，以及这种匹配关系的具体体现，即分析对于何种特征的高管团队，股权激励这种薪酬方式可以产生较好的管理效果。

本书研究意义主要包括以下三个方面：

首先，在高管对于组织产出影响的研究领域中，将高阶理论和代理理论领域中高管特征与股权激励两方面对于企业产出的影响结合起来，构建了二者对于企业绩效的交互效应模型，填补因目前高管研究领域中主流学派之间存在"背靠背"现象而导致的理论空白。

其次，根据所构建的理论模型，以中国上市公司为样本进行了实证检验，对理论中的逻辑关系进行了验证与讨论，分析出目前理论模型的适用性与所可能存在的问题，为所构建理论的深化与进一步完善提出思路与方向。

最后，在理论框架构建与实证检验的基础上，通过对检验结果的分析，说明我国企业实践管理活动中，确实存在高管特征与股权激励的匹配问题，同时阐述了这种匹配性在具体高管特征上的表现，为实践管理活动提供依据。

第五节　研究创新与不足

本研究的主要创新之处，总的来说可从以下两个方面来看：

第一，从理论建设上来看，本研究在高阶理论与代理理论中有关企业高层管理者对企业行为及结果产生影响的理论启发下，提出团队层面上的高管特征与股权激励对于企业绩效的交互影响模型，根据激励理论深入分析了具有不同特征的高管团队在面对股权激励时的内在心理反应，以及这种反应所导致的行为对于企业绩效的可能影响，建立了高管特征与股权激励对于企业绩效的交互影响模型，填补了高阶理论领域与代理理论领域各自"背靠背"发展所形成的理论真空。同时，在模型搭建的过程中，在对交互作用之所以产生的源动力的分析上，首次对高管股权激励分析提出增量效应与存量效应的角度，从理论上探讨了企业在实施高管股权激励的措施背后所可能存在的目的差异。

第二，从实证检验的具体所得结论上来看，以中国上市公司为样本，采用大样本面板数据，对高管特征与高管持股对于企业绩效的交互影响进行了实证检验，实证结果首次从数据上证实了我国企业管理实践中，确实存在高管特征与激励管理之间是否匹配的问题，为管理措施的选择与调整提供了实证支持。

与此同时，本研究也存在一些不足，主要有：

第一，增量效应方面的股权激励的实施存在实证检验缺失问题。在本书理论框架中，根据交互效应源动力将股权激励做了增量效应与存量效应的划分，但在假设检验部分，有关增量效应的变量，即股权激励方案的实施并没有放入到研究设计与检验过程中。之所以有这样的验证缺失，是因为本书是基于我国上市公司样本来做实证检验的，而我国企业股权激励的正式施行起步较晚，是在 2005 年 12 月 31 日证监会发布《上市公司股权激励管理办法（试行）》（简称《管理办法》）之后才正式开始实施。《管理办法》规定我国完成股权分置改革的上市公司，可以以本企业股票为标的，采用公开发行新股时预留股份、向激励对象发行股份、回购公司股份等三种来源方式，对其董事、监事、高级管理人员及其他员工进行长期性激励。其中的高管股权激励，即以企业首席执行官为首的高级管理团队成员为对象的股权激励。也就是说，股权激励方案的颁布企业数较小，其中还存在很多停止实施的企业（指股权激励未成功完成之前的停止），有些年份只有单独几家，如 2006 年仅六家，再加上所颁布法案中股权激励实施相关信息披露也不到位，使检验陷入样本不足的困境。所以本研究暂时只聚焦于对存量效应进行实证检验，即以高管持股情况作为股权激励的代表，来研究高管特征与股权激励对于企业的交互影响。

第二，企业短期绩效与长期绩效的衡量问题。股权激励实施的主要目的在于使高管人员与企业的长期利益保持一致，从而激励高管人员为了企业的可持续发展而努力工作，那么股权激励实施效果的检验最好是从长期绩效上来衡量。但是本书在对已有研究的回顾和分析中，以及从本次三个绩效指标所反映的不同效果上来看，我国股票市场存在稳定性差和噪音大等特点，使得长期指标和市场指标的衡量效果受到影响。对于我国企业而言，长期绩效是否存在有效的衡量指标还是一个待商榷的问题，这也与巩娜（2009）所提出的观点相符合，即常用来衡量企业长期绩效的托宾 Q 值在我国是否真正具有说服力，还是个待思考的问题。所以本次研究中，暂时只针对短期企业绩效进行了检验。

第三，本研究的研究取向属于应用型，即理论模型的推导与分析完全是依据西方高阶理论和代理理论的理论语境而进行的。所以在研究过程中，对于国内实际情况的分析与考虑不够全面，对于中国市场经济背景下的股市客观特征、企业实际管理行为特征等方面的研究不够到位。而这些却都是会对高管人员本身特征与行为，以及企业股权激励的实施产生不可忽视的影响的因素，由此必然也会进一步对二者之间交互作用及企业绩效产生影响。所以，由于目前本书只是从大环境上提出我国企业管理中存在"零持股"等问题，并未具体深入到股市特点与企业特征的角度来开展进一步的分析，对于这一情境因素的探讨在深度上存在不足。

第四，企业管理是个复杂的综合性问题，所以本书所研究的高管特征与股权激励对于企业绩效的影响作用，在实际管理过程中也会受到方方面面的其他多种因素影响。但是，本书目前只是在以往研究成果的基础上，对外部环境中的行业、股权结构角度的国有股比例与股权集中度、内部治理角度的两职兼任与独立董事比例，以及企业规模与高管团队规模这几个可能存在影响的因素，在研究设计中以控制变量的方式做了处理。对于二者之间的关系是否会受到因素的影响尚未进行考虑，体现在研究设计中，即为对于研究中是否存在其他控制变量、调节变量，以及中介变量等问题的分析力度不足。

第二章   文献与评述

第一节   高管特征对于企业绩效有怎样的影响？

一   高阶理论（Upper Echelons Theory）及其核心要义

高阶理论（Upper Echelons Theory）又称为高层管理团队理论，或高层梯队理论。是管理学家 Hambrick 和 Mason 教授于 1984 年提出来的，他们认为高层管理者在企业中扮演着核心角色，各成员背景和构成特征会对组织竞争行为产生重要影响，其核心内容是企业高级管理者的年龄、教育水平与背景、职业背景，以及任期等人口统计学特征反映了高管人员的认知基础与价值观，进而会影响到企业的战略选择及组织绩效（Hambrick & Mason，1984），该理论框架如图 2-1 所示：

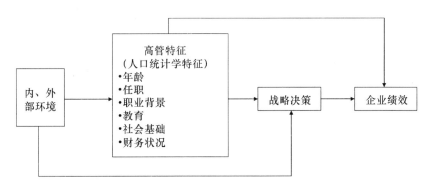

图 2-1   高阶理论核心内容①

———————————

①   资料来源：Hambrick，D. C. Upper Echelons The Organization as a Reflection of Its Top Managers［J］. Academy of Management Review，1984，Vol. 9，No. 2，193—206. 2. 1。

对于这一理论的研究框架，本书将从以下四方面予以阐述和解读：

首先，企业的战略选择是掌握决策权的高管人员价值观和认知基础的反映，因为企业战略选择其实就是一个根据信息而进行分析和决策的过程，信息是指组织外部环境或组织内部资源方面的信息，而决策的主体则为企业高管，高管不同的价值观和认知基础，会影响到他们面对信息时的分析能力和分析结果，从而制定出不同的企业战略，而不同战略的制定，在很大程度上会影响到企业的产出与绩效表现。

其次，具有客观性与方便可得性特征的人口统计学变量，能够反映高管人员价值观和认知基础，虽然在全面性与准确性上具有一定的局限性，但是可以作为实证研究的替代测量变量，作为衡量企业高管价值观与认知基础的有效指标。这一点在管理学的其他研究领域也曾得到成功应用，比如说在营销学研究中，消费者的消费倾向指标的设计也倾向于引入人口统计学特征。高阶理论所提及的高管特征也主要指人口统计学特征，包括高管人员的年龄、任职时间、职能背景、教育水平与教育背景、社会经济基础以及财务状况等。这一观点与信息—决策理论的内在逻辑也是一致的，信息—决策理论认为企业战略决策的基础是信息，对企业战略具有决策权的高管团队的信息收集与处理水平能够影响到企业的战略决策，已有研究中衡量高管信息收集与处理水平的指标则包括高管团队规模、成员平均年龄以及平均教育水平等（Hambrick & Mason，1984；Hambrick & Aveni，1992；Bantel & Jackson，1993；Finkelstein & Hambrick，1996；Tihanyi & Ellstrand，2000；Patzelt & Nikolw，2008）。

同时，人口统计学变量的提出也为开展实证研究提供了方便，因为相对于人口统计学特征而言，企业高管的心理指标在测量上不易操作：首先，心理测量指标在某些变量上存在缺位问题，比如说高管任期与职业经历，二者的理论解释力很强，但是在心理测量方面却难以找到对应的指标；其次，大多数企业高管都不愿意参加心理测试活动，导致心理测量数据的得到在实证上的操作难度很大，局限了研究的执行力。除此之外，对于管理实践活动而言，人口统计学特征的研究更具有现实指导意义，比如说当企业想要了解竞争对手所可能采取的战略选择与行为决策时，人口统计学指标是对对方进行预测的可行性指标，这不难理解，相对于竞争企业高层管理者的心理指标数据而言，其人口统计学特征数据的获得与分析更具有实际可行性与操作性。

再次，这里的企业产出包括战略决策与企业绩效两方面。其中，高管人员对企业绩效的影响可以分为两种路径，一种是高管人口统计学特征直接对企业绩效产生影响的分析，另外一种是首先厘清高管特征对战略决策所可能产生的影响，进而在这种影响的基础上，分析其对企业绩效产生的作用，称之为间接影响。

最后，高管人口统计学特征与企业产出之间的关系还受到一些前因变量的影响，比如企业所处的外部环境和企业内部的资源条件等。但这部分内容在高阶理论提出时并没有包含在其内在核心理论逻辑的范畴中，只是点到为止，以体现理论分析的完整性与全面性。不过在后续理论完善与实证检验的过程中，前因变量也成为理论深化与拓展的可选方向之一。

二 高管特征与企业产出之间关系的研究

自高阶理论提出之后，众多实证研究沿袭其理论分析框架，通过从不同视角研究高管特征与企业产出之间所存在的直接或间接的关系，来对这一理论进行探讨，在大多数研究结果都对其予以支持的同时，不乏有一些也提出争议性观点。同时，不同学者们不同角度的探讨使得研究在细分方向上也得到了进一步的发展，随着实证研究的推进，高阶理论本身也得到了完善。本书将目前关于高管特征的典型研究所涉及的特征与相关结论整理如表2-1所示。

表2-1 高阶理论的相关研究

典型研究	所涉及特征	相关结论
Katz，1982	任期（团队均值）	高管团队任期与企业绩效大致呈"∩"形关系
Hambrick & Mason，1984	教育水平	高管所受教育水平与企业创新性行为存在正相关关系
Bantel & Jackson，1989	异质性	高管团队之间的差异与其创新能力正相关
Finkelstein & Hambric，1990	任期	任期越长，高层管理团队越稳定，内部冲突减少且沟通能力越强，领导班子越具有凝聚力和共同的认知结构，有利于企业绩效的提高

17

续表

典型研究	所涉及特征	相关结论
Wiersema & Bantel，1992	年龄、教育水平（团队均值）	高层管理团队成员年龄越轻，越容易采取冒险性行为；高管所受教育程度将与团队战略变化正相关
Hambrick & D'Aveni，1993	异质性（专业背景）	在复杂环境中，以及在多元化战略的公司中，高管团队专业化背景的异质性与企业绩效之间存在正相关关系
Wiersema & Bird，1993	异质性（年龄）	日本高层管理团队的年龄异质性对团队的稳定有很强的促进作用
Smith，Smith & Olian，1994	任期（异质性）	由不同任期的经理们组成的高层管理团队可以拥有这样一笔财富，即以社会经验和组织经验为基础形成的多样化观点
Schrader，1995	教育背景与职业背景	美国企业 CEO 的教育背景及职业背景与企业行为及绩效之间具有统计显著性
Finkelstein & Hambrick，1996	任期	任期长的高管团队通常采取以产业发展为中心的持久战略，表现出来的绩效与行业平均水平相近
Sambharya，1996	海外经历（团队均值）	高管团队的海外经历与企业的国际化进程正相关，团队海外经历均值越高，企业越有可能进行国际化运作，成功的概率也越大
Hambrick，Cho & Chen，1996	异质性	高管团队异质性与企业战略决策的质量存在正相关关系
Harhoff，1999	教育背景	在德国企业中，受过高等学术教育的高层管理者与企业销售增长率及劳动生产率之间存在正相关性
Tihanyi，2000	年龄、任期（团队均值）	高管团队平均教育水平越高，越容易制定出适合企业发展的战略决策，有利于企业绩效；平均任期越长的企业，其国际多元化的程度越高
Ferries，2001	异质性	高管团队异质性与企业战略更改的频率之间存在正相关关系
Kor，2003	异质性	高管团队异质性与企业的成长壮大之间存在正相关关系

续表

典型研究	所涉及特征	相关结论
Carpenter & Sanders, 2004	任期（团队均值）	高管团队平均任期与企业绩效之间不存在显著相关性
魏立群、王智慧, 2002	年龄（团队均值）	高管团队平均年龄越大，企业绩效表现越好，二者之间存在正相关关系
焦长勇、项保华, 2003	异质性（年龄）	高管团队成员的年龄结构应保持合理性和高效性，才能提高团队效能
欧阳慧、曾德明和张运生, 2003	教育水平、任期、职业背景异质性	高管团队教育程度、任期和职业背景的异质性在企业国际化的早中阶段，与企业绩效存在正相关关系
王颖, 2004	年龄、教育水平与教育背景、性别	企业高层经营者的教育程度、性别、年龄、所学专业与企业绩效没有显著性的相关关系
张慧、安同良, 2005	教育水平	管理层人员学历同公司绩效之间只有微弱正相关关系
张平, 2006	异质性、年龄（团队均值）	高层管理团队的任期异质性、职业经验异质性与企业绩效负相关，且企业多元化程度起正向的调节作用，国有股比例起负向调节作用；高层管理团队平均年龄与企业绩效负相关
刘运国、刘雯, 2007	任期	R&D支出同高管任期呈显著正相关关系；年龄段不同的高管，任期内对R&D支出的影响存在显著差异
曹志来、钱勇, 2008	年龄（团队均值）	高管团队平均年龄与企业短期绩效和长期绩效之间都存在负相关关系
古家军、胡蓓, 2009	异质性（任期）	高管团队成员的任期异质性对战略决策的准确性没有显著的影响
吴剑峰、胡晓敏, 2010	教育水平（团队均值）	教育水平越高的团队，对于企业国际化风险的评估就容易越大，反而不敢实行国际化战略
徐经长、王胜海, 2010	年龄、任期、教育水平（团队均值）	在其他条件不变的情况下，上市公司成长性与核心高管的平均年龄、平均任职时间显著相关，而与核心高管平均学历的相关性不显著
姚振华、孙海法, 2010	异质性	异质性与行为整合显著负相关，异质性包括最高学历、海外学习考察时间、工作经历、每周工作时间、进入方式、团队任期、经营战略偏好等

根据已有研究，本书对高阶理论的研究特点进行了初步提炼，主要有以下三个方面：

第一，研究主体从高管个人走向高管团队，即学者们的研究由探讨领导个人（如 CEO）特征、领导个人风格对战略决策和企业绩效的影响转向研究高管团队（Top Management Team，TMT）。之所以产生这样的转向，主要是出自企业管理实践的客观需求。不难理解，在大多数企业的实际管理过程中，战略决策与管理影响力在很大程度上是以高管团队为载体的，而不是简单的一个核心高管人物（如 CEO），基于高管团队出发的研究更符合企业实际，相对来说具有更强的理论解释力和预测力：首先，领导与组织是一项共同的管理活动，虽然最高管理者（如 CEO）扮演着决策制定的主要角色，但整体而言还是与其他高层管理者共同分享权利和承担责任的，而且企业战略决策的日益复杂性变化，使得单一高管决策的效力与准确力都会因客观局势的复杂情况而受到削弱，所以在企业实践中，战略决策者的角色往往不是某位高层管理者一人所能胜任，因此高层管理者共同分享企业战略决策权已经成为不可阻挡的发展趋势与管理诉求；其次，从决策质量与管理效果上来看，为了提高战略选择的准确性，高层管理者需要在沟通交流的基础上共同进行问题研究，由此使得基于不同价值观与认知基础的观点得到充分的分享与碰撞，这是保证企业良好发展的必要之举。除此之外，将高管团队作为研究基础在理论研究中也具有重要意义，将团队单项的群体人口统计学特征或者团队人口统计学的分布形态引入理论模型，有助于理论模型解释力的提高，实证研究也确实是这样发展的，高阶理论的研究在早期主要关注的是 CEO 个人特质与企业战略及行为之间的关系，但发展到 20 世纪 90 年代之后，高阶理论的研究就转向了 TMT 的人口统计学特征。

第二，对于高管特征的探讨，在实证研究中学者们主要有两种研究思路，一种是探讨高管属性特征的平均水平对组织产出的影响，如教育背景和工作经历（Hambrick & Mason，1984；Patzelt & Nikolw，2008）、年龄（Carlsson & Karlsson，1970；Tihanyi & Ellstrand，2000）、任期（Hambrick & D'aveni，1992；Bantel & Jackson，1993；Finkelstein & Hambrick，1996）等几个方面；另一种是研究高管团队成员在某项属性特征上的分布，考察高管团队成员在某种人口统计学特征上的分布差异，比如高管成员之间的年龄差异、所受教育背景的差异、职业背景差异以及任期差异等，由此展开了关于高管团队同质性与异质性的讨论，有学者据此将高管团队分为两种类型，即异质性高管团队和同质性高管团队（Neal，2002），讨论这两种团队对企业产出的不同影响（e. g. Hambrick，Cho & Chen，1996；Miller，Burke & Glick，1998；Carpenter，2002；Wei，Wang & Young，2003；Olson，Parayitam & Twigg，2006；魏立群、王智慧，2002；张平，2006）。

　　第三，在高管与企业产出之间关系的研究中，除了团队特征之外，逐步加入了对团队活动进程方面的考虑。在理论上，1994 年 Hambrick 进一步提出了高管团队的"行为整合"概念，包括信息交换的数量和质量、合作行为和集体决策三个相互关联的核心要素，为后续研究提出了新的着力方向。1996 年，Hambrick 又对高阶理论的框架进行了完善与补充，在高管的描述与测量方面提出了三个细分角度，包括团队构成、团队进程与团队结构。除了之前的人口统计学特征之外，又补充提出了将团队成员的职权结构，以及成员之间的协调、沟通、冲突处理、领导、激励等团队进程行为放入研究过程。在实证研究上，也有研究结果表明团队信任与团队冲突这两个反映团队运作过程的重要要素会对企业绩效产生影响（e. g. 肖璐，2010）。

三　研究评述

　　虽然高阶理论在实证研究领域得到了较为广泛的支持，很多研究证明企业高管的人口统计学特征与企业管理结果之间存在显著关系（Eisenhardt & Schoonhoven，1990；Aveni，1992；Smith & Olian，1994；Finkelstein & Hambrick，1996；Boeker，1997）。但在具体的研究结论上不同学者得到的观点并不统一，甚至有些是相反的。比如说对于团队异质性与企业创新之间的关系，有的学者认为二者之间存在显著相关性，但是影响方向不一致，如有的研究认为二者存在显著的正相关关系（e. g. Bantel & Jackson，1989；Lyon & Ferrier，2002；Srivastava & Lee，2005），有的认为是负向相关性（e. g. Kor，2003），但还有些学者认为二者之间的相关性并不显著（e. g. Daellenbach & McAarthy，1999）。又比如在我国情境下的研究，欧阳慧、曾德明和张运生（2003）的研究发现，高管团队教育程度、任期和职业背景的异质性在企业国际化的早中阶段，与企业绩效存在正相关关系，但魏立群和王智慧（2002）却认为高管团队的年龄异质性、经验异质性、教育背景异质性与企业绩效呈负相关关系。

之所以出现这样的现象，本书认为根本原因在于高阶理论对于深层次的高管团队特征对组织绩效的影响机制的理论解释较为缺乏，正如学者 Lawrence（1997）所指出的：高管团队组成特征与运作过程特征对于组织绩效的解释在理论上非常模糊，缺乏相对应的实证研究。我们在此可以看下高管团队异质性与企业绩效关系的研究，以其作为代表性实例进行讨论。从整体上来看，国内外学者对于高管团队的异质性与企业绩效之间的关系，做了大量的实证研究，但并没有得出一个统一的结论，主要存在以信息—决策为导向的支持论，以及以团队冲突为导向的反对论这两种观点。

持支持观点的学者们认为，异质性的高管团队由于能够更好地提出解决问题的对策，从而对企业绩效产生积极作用（Bantel，1989；Murray，1989；Finkelstein & Hambrick，1990；Hambrick，Cho & Chen，1996；Kilduff，2000）：首先，不同高管团队成员之间的认知差异，对于组织内外部环境、组织战略以及决策问题等会产生不同的解读（Katz，1982），有助于团队更为客观和全面地认识问题；其次，不同的高管团队成员能够帮助企业收集到不同来源的信息，而信息甄别能力的提高能够为决策提供更多的、更为准确的依据，可以更为全面和创新性地考虑问题，提高决策的质量与准确性（Ferrie，2001）；最后，不同的高管团队在具体解决问题时，能够提供更多的技能来促进战略决策的落实。由此，最终能够有助于企业业绩的提升，高层管理团队的异质性与企业绩效呈正相关关系。

持反对观点的学者们认为，高管成员之间的差异会加大团队内部发生冲突的可能性，导致团队成员之间的交流和沟通需要更多的成本，而且如果沟通不畅，除了信息阻塞所造成的决策偏离与失误之外，所发生的情感冲突还会引发团队成员之间凝聚力的下降，破坏高管团队成员间的合作性，产生较多的内部过程损失，会对企业今后高管决策的准确度与时效性造成破坏等这些都会对企业绩效产生不利影响。而同质性的高管团队，内部认知冲突与情感冲突相对而言都较少，成员之间的交流与信息分享更为畅通，对于团队凝聚力的提高有积极作用。一些实证研究从不同方面对这一观点进行了验证，比如学者 Cummings 等（1983）研究了高管团队的年龄异质性问题，指出异质性越高的团队，内部成员之间的心理认同度就越低，更容易脱离组织；O'Reilly（1989）的研究表明任期相近的高管团队，内部成员更换比例较少，团队的忠诚度也较高，成员更换的比例也越小。

针对这些矛盾与差异，有学者尝试进行过分析探讨，主要从决策任务与决策环境这两种管理情境的影响出发来进行：其中有关决策任务方面的分析，侧重于高管团队所面对问题的性质。具体而言，学者们提出同质性的高管团队适于解决常规问题，而异质性的团队则适于解决非结构化的、创造性的特殊问题（e.g. Hambrick, Cho & Chen, 1996；Carpenter et al, 2004）。此外，在面对突发事件时，同质性的团队由于认知的一致性，可以尽快作出反应，在决策速度上的优势也有助于问题的及时处理，避免在企业绩效上造成损失（Hambrick & Mason, 1984），而异质性团队的反应速度相对而言就慢些（Hambrick, Cho & Chen, 1996）；有关决策环境方面的分析，是指在相对简单的环境下，团队的同质性能使团队之间的沟通更加方便、快捷，促进公司的绩效。但是在复杂的情况下，如面对公司的重新定位、环境震荡、技术变革以及总裁继任等情况时，领导班子的异质性反而能够增强战略重新定位的灵活性，对企业绩效有积极的促进作用（孙海法，2003）。

纵览高阶理论的实证研究，除了异质性与企业绩效这一对关系之外，还在很多其他特征方面上也得出相互矛盾的研究结论，如关于高管团队平均任期与企业多元化战略之间关系的研究，有的学者认为高管团队的平均任期与企业多元化战略之间具有不显著的正相关关系（e.g. Caprenter, Sanders & Gregersen, 2004），但有的学者则得出两者之间为不显著的负相关关系的结论（e.g. Herrmann, 1999）。

以高阶理论为框架所进行的高层管理团队特点对组织绩效影响的研究，之所以出现所得结论不稳定的原因，从理论上来说，是由于缺乏对内部作用机制的具体分析，不同特征的高管在面对不同情况时会有不同的反应与行为，针对这一问题，高阶理论的提出者 Hambrick 教授（2007）也对此进行了讨论，提出了理论的进一步完善方向。在这篇总结高阶理论研究进展的文章中，Hambrick 先是强化了两个观点，一是肯定了研究主体针对高管团队要比针对高管个人更有效，另一是强调了通过人口统计学特征来预测企业绩效是可行的。接着针对结论不统一的问题，Hambrick 提出了四个可供思考的研究方向：第一，进入到黑匣子中，深入探讨二者之间关系的心理学成因；第二，研究不同体制下的高管团队；第三，思考反向因果关系与高管的内生性影响；第四，考虑高管特征与薪酬或激励的交互作用对企业绩效的影响。这也就是说，尽管企业高管的人口统计学特征可以有效预测企业的管理结果，但根据已有研究结果及其局限性的分析，可以发现高管人口统计学特征并不是企业产出的唯一决定因素，高阶理论的研究分析需在深度方面做进一步拓展，其中与激励管理的交互作用是可供选择的方向之一。

第二节　高管股权激励对于企业绩效有怎样的影响？

一　基于代理理论（Agent Theory）的高管股权激励

代理理论最早可以追溯至 20 世纪 30 年代，当时有学者提出上市公司具有所有权与经营权相分离的特点（Berle & Means, 1932），这一两权分离概念的首次提出标志着代理理论的产生，至 20 世纪 70 年代该理论基本成熟，其认为企业是一组基于经济利益关系的契约集合体，这种集合体之所以产生主要有以下四方面原因：所有权和控制权的分离、不确定性和分散投资风险的出现、组织结构中存在信息不对称现象，以及有限理性和个人能力局限性的产生（华锦阳，2003）。由此，代理理论认为公司所有权与经营权分离的特点会增加代理成本，因为实际掌握经营权的代理人，即企业高层管理人员，在管理实践中会以个人的自我利益为出发点进行决策，而不是以企业所有者，即股东的利益最大化为目标。为了解决这一矛盾使二者利益相一致，代理理论建议从激励和控制两方面来对高管人员进行管理，将企业所有者与经营者的利益联系起来，这样可以在一定程度上减少代理问题所引发的成本和风险。其中的激励机制，主要涉及高管薪酬管理，包括薪酬水平、薪酬结构、薪酬差距等内容；而控制机制则主要体现在企业治理结构方面，如两职分离（CEO 与董事长由不同人担任）、独立董事制度，以及股权集中度等方面。基于这些考虑，1976 年 Jensen 和 Meckling 实现了"所有权与控制权分离"问题的模型化，确定了减少"代理成本"的各种制度安排，由此为基于代理理论的实证研究奠定了基础性工作，从而开创了人们对于管理者激励和控制问题的直观认识。

无论在企业管理实践过程中还是在学术界的研究领域中，管理者激励主要体现在高管薪酬管理上，高管薪酬管理因为激励效用的产生而对高管人员的行为产生影响，从而影响到企业产出，如组织绩效（Gerhart & Rynes，2003），学者 Finkelstein、Hambrick 和 Cannella（2009）也对此做过综述，证明高管薪酬管理确实会对高管行为和组织绩效产生影响。代理理论认为，高管人员与企业战略和绩效之间关系的关键节点在于经营者的激励约束问题，认为需要通过引入风险收入的机制来激励高管，让他们的利益与企业所有者保持一致，从而在实际管理活动中能够作出有利于股东权益最大化的决策，而这个决策的终极效果与反映就是企业绩效的提升。反之，如果对待高管像对待官员那样付酬（以基本薪酬为主）的话，他们就会偷懒、规避风险，而且很短视（Jensen & Meckling，1976）。

那么什么是引入风险性的激励管理呢？从高管薪酬角度而言又体现在哪些方面？其实这个问题关系到高管薪酬的结构。高管薪酬分为基本薪酬和变动薪酬两部分，其中基本薪酬较为固定，一般与高管所担任的职位相关，变化较大的主要是变动薪酬，而解决代理问题的重要出口，就是通过变动薪酬与业绩之间的联系，将高管个人利益与企业利益相结合。为了得到较多的薪酬回报，高管必须作出较好的工作表现，而这本身就是有助于提升企业绩效的行为。已有研究早已提出高管变动薪酬与企业财务绩效存在正相关关系，而基本薪酬却与企业绩效存在相关性不显著的观点（e. g. Gerhart & Milkovich，1990）。同时还有研究表明，在可变薪酬中，股权激励与企业绩效的相关性最大（Jensen & Murphy，1990）。

股权激励是企业的长期激励方式之一，具有经营者持股、期股和股票期权等多种形式。一般而言多是针对企业董事、高级管理人员、核心人员等关键人才而实施，目的是建立起这些人员与企业之间的利润共享、风险共担体系，使得他们以股东利益最大化为目标来经营公司、为公司服务。股权激励之所以能够解决代理问题，很多学者归因于这一管理措施影响到了高管人员的决策动机，而决策动机的根源在于利益驱动，正如张维迎教授所说，企业的最优激励管理是建立一个

"剩余所有权"与"控制权"的最大对应机制,这个最优安排的制度体现一定是企业经营者与所有者之间的剩余分享制。高管持股增强了为公司创造财富的动机,从而提升了企业运营效率,正如 Jensen 和 Murphy(1990)所认为的,大量持股可以将高管利益与股东财富统一起来。实证研究也证明这一点,学者 Kaplan(1989)和 Smith(1991)通过研究高管收购之后企业绩效的对比,得出高管持股有助于经营绩效提升的结论。

二 高管股权激励与企业绩效之间关系的研究

代理理论是高级管理者激励研究的理论基础与框架,在这一领域内,学者们的研究通常关注的是高级管理者激励与绩效产出之间的关系,对股权激励的效果开展了不同程度的探讨。虽然实践中的高管股权激励越来越受到投资者们的欢迎,但是学术界对于高级管理人员股权激励的效果却存在着广泛的争论。从国内外整体情况来看,还是支持者占多数,但也有一部分学者是持怀疑态度的,其中关于我国企业的研究,由于受实际管理中的高管股权激励处于探索时期所限,相关的研究也属于起步时期。本节内容将对国内外研究进展与现状做一阐述。

(一)国外研究进展与现状

国外对于高管股权激励与企业绩效之间关系的实证研究的结论不尽统一,有的学者认为存在相关关系,但在关系的强弱与影响的方向上看法不一致,有的认为是直线相关关系,有的认为是曲线关系。另外,还有学者认为二者之间的相关性不显著。主要研究情况如表 2-2 所示:

表 2-2　　　国外有关高管股权激励与企业产出之间关系的研究

正相关关系		负相关关系		非线性相关关系		不相关或相关性不显著	
1964	Vance	1932	Berle, Means	1988	Morck, Shleifer, Vishny	1925	Taussings, Baker
1972	Pfeffer	1985	Demsetz, Lehn	1990	McConnell, Servaes	1975	Schmidt
1976	Jensen, Meckling	1991	DeFusco, Thomas, Johnson	1991	Hermalin, Weisbach	1985	Demsetz, Lehn

续表

	正相关关系		负相关关系		非线性相关关系		不相关或相关性不显著
1977	Leland & Pyle	1999	Core, Guay; Himmelberg, Hubbard, Palia	1995	Bajrnhart, Rosenstein	1986	Lloyd
1985	Benston	2003	Ghosh, Sirmans	1999	Holderness, Sheehan; Immelberg, Hubbard, Palia; Short, Keasey; Lasfer, Faccio	1987	Kesner
1986	Lensen			2000	Chen, kim; Cui, Mak; Griffith, Fogelbertg, Weeks	1990	Jensen, Murphy
1988	Morck, Shleifer, Vishny; Kim Lee, Francis.			2004	Coles	1991	Main
1989	Schellenger, Wood, Tashakori; KaPlall			2005	Davis, Hillier, McColgan; Khanna, et al.	1996	Agrawal, Knober
						1998	Cho
1990	Smith			2006	Adams, Santos	1999	Himmelberg et al.
1993	Joscow, Rose, Nancy			2007	Pukthuanthong, Roll Walker; McConnell	2001	Mak, Li; Delnsetz, Villalonga
1994	Haubrich			2008	Servaes, Lins		
1995	Mehran; Yermack			2009	Benson, Davidson		
1998	Hall, Liebman						
2000	H. Arlson, Song; Kruse, Blasi						
2001	Frye; Morgan, Poulsen						

续表

	正相关关系	负相关关系	非线性相关关系	不相关或相关性不显著
2002	Kedia, Mozumdar; Morck, Nakamura, shivdasani; Core, Larker			
2003	Hillgeist			
2004	SesilKroumova, Kruse, Blas Frye			

支持高管股权激励管理的学者占大多数，他们认为股权激励使高管与股东利益保持一致，能够激励高管采取提升公司业绩的管理行为，增加股东财富。需要说明的是，在此我们暂时没有将公司绩效和股东财富增加这两个结果细分考虑，是将其放在一起来回顾以往研究对股权激励的支持作用的。

其中，认为高管股权激励与企业产出或股东财富增长之间呈正相关关系的研究主要包括：

1976 年，Jensen 和 Meckling 的研究提出，持有企业越多股权的管理者，自身与企业及股东的利益就越一致，这样能够有效减轻双方之间的代理成本，降低那些不可观察到的额外消费，所以高层管理者持股与企业价值之间为正相关关系。

1977 年，Leland 和 Pyle 的研究模型得出企业管理者所有权与公司价值之间存在正相关关系，分析原因在于管理者拥有公司较高的所有权，可以对外界传递出一个该企业能够进行高质量安全投资的信号。

1986 年，Lensen 从高管持股有助于减少企业自由现金流量与代理成本角度进行分析，得出高管持股有助于增加公司价值的结论。

1988 年，Morck、Shleifer 和 Vishny 认为由于现有的 CEO 企业所有权和激励平均值都 "太低了"，所以大多数企业都应该通过提高对 CEO 的激励以增加企业价值，因为较高的 CEO 所有权更容易实现最优激励。

1989 年 Kaplall 以及 1990 年 Smith，他们从企业高管融资收购之后的企业绩效变化角度进行研究，发现进行高管收购（MBO）之后，企业的绩效获得显著提升。分析内在原因是由于持股增强了高管的财富创造动机，从而提升了企业运营效率。所以他们认为，让高管人员持有一定比例的公司股权是使经营者与所有者利益一致的最直接方法。

1995 年，Mehran 从美国 1979—1980 年间的制造业企业中，随机选取了 153 家公司作为研究样本，对其经理人员的激励结构与企业业绩的关系展开实证研究，得出企业高层管理者得到的权益性报酬（即来自股票期权的报酬）与公司业绩正相关的观点，提出增强 CEO 的激励报酬是提升公司绩效的有效动力。

1998 年，学者 Hall 与 Liebman 等利用美国上百家上市公司 15 年的数据，来实证检验公司高层经营者报酬与公司业绩之间的关系，得出二者存在较强的正相关关系，且这种关系基本上都是来自于高管所持股票价值的变化影响。他们还分析到，之所以此次研究得出如此强烈的正相关结论，是因为在 1980 年之后，实践中高管持股的数量和比例都有了一个提升。

2001 年，Morgan 和 Poulsen 针对 S&P 500[①] 公司 1992—1995 年四年的股权激励计划的分析结果表明，股权激励确实能够促进企业股东价值的提升，尤其是针对高层管理者的股权激励。

2002 年，学者 Morck、Nakamura 以及 Shivdasani 以 1956 年日本的制造业公司为研究对象，选取了其中规模较大的 373 家作为研究样本，结果表明企业管理层持股对公司绩效有积极作用，二者为正相关关系。同年，Kedia 和 Mozumdar 以 1995—1998 年四年的纳斯达克 200 家大型公司为样本所得出的研究结论也与其一致，认为公司高管股权激励能够增加企业价值。

2004 年，Frye 以 1992—1994 年 121 家实施股权激励的公司为样本的研究发现，以权益为基础的高管薪酬与企业业绩之间呈正相关关系。

除了上述研究之外，还有其他一些研究表明高管激励与公司绩效之间存在显著的正相关关系，如 Vance（1964）、Pfeffer（1972）、Schellenger, Wood & Tashakori（1989）、Haubrich（1994）、Yermack（1995）、Hall & Liebman（1998）、H·Arlson & Song（2000）、Frye

---

① S&P 500 是标准普尔 500 指数的英文简写，它是记录美国 500 家上市公司的一个股票指数。

（2004）、Core & Larker（2002）、Sesil, Kroumova, Kruse & Blas（2004），等等。

还有一些学者的研究也承认二者之间存在相关性，但是方向相反。他们认为二者之间是负相关关系，即高管股权激励越高，企业绩效反而越不理想，越容易偏离股东利益。其实在 1932 年 Berle 和 Means 首次提出代理问题时，其研究结论对于股权分散与企业绩效之间的关系也是持消极态度的。他们的研究表明，如果更多的管理者拥有公司的股票，而这些又是充分了解公司内幕信息并掌控企业运作的人，那么反而有损于股东对管理者的监督，不利于企业绩效的提升。后续研究也有学者对这一观点提出支持，如 Demsetz & Lehn（1985）、DeFusco, Thomas & Johnson（1991）、Core & Guay（1999），以及 Himmelberg, Hubbard & Palia（1999）。其中，DeFusco（1991）等学者认为高管股权激励容易引起高管的短视，使其产生为自身谋利益的机会主义行为，有损于公司利润，其实证研究结果也确实表明，当高管股权激励有所增加之后，公司利润出现了下降，同时研发支出也发生了下降，但管理费用和销售费用却有所增加。

Himmelberg（1999）等是将视角放在高管控制方面，认为企业收益更加依靠所有者对经营者的监督与控制，而不是通过权益激励来实现，高管所有权也只是为了实现控制和监督的目的，而不是对绩效起到什么提升的作用。2003 年学者 Ghosh 和 Sirmans 的实证研究结果，更是对这一负相关关系作出直接支持，他们以美国不动产投资信托公司（RE-ITs）1999 年数据为样本进行分析，得出高管股权激励对企业价值有负向影响，显著性水平为 10% 的结论。

除了正负相关关系之外，有一定数量的研究认为高管股权激励与企业价值之间存在相关性，但是并不是呈线性关系，而是非线性相关。

最早是在 1988 年，Morck、Shleifer 和 Vishny 以 1980 年《财富》500 强中 371 家大企业为样本进行分析，采用横截面数据研究经营者（不仅是指高管，此研究还包括董事会成员在内）持股水平与公司价值之间的关系，结果表明董事会成员持股与企业业绩之间呈现出一个倒"U"形关系，即在刚开始的曲线部分，高管持股比例越高，公司业绩表现就越好，但当持股比例到达一定数值之后，公司的业绩表现就随着高管持股比例的上升而开始下降了，在高管持股比例继续上升到一定值之后，公司业绩表现又随着持股比例的上升而上升。具体来说，根据他们的研究显示，当持股比例在5%和25%之间时，二者是负相关关系；当持股比例低于5%或高于25%的时候，二者为正相关关系，其中，持股比例高于25%时的关系强度要低于小于5%的区间。据此，他们得出企业高管持股管理是一个动态利益平衡过程的结论。

1990年，学者McConnell和Servaes的结论也与其一致，他们选取1976年的1173家和1986年的1093家企业作为研究样本，也得出二者之间存在倒"U"形曲线关系的结论，但拐点与Morck等的研究不同，是持股比例数值位于40%—50%。但对于之所以出现这样现象的原因，这次研究并未提供解释，只是得出了这样的一个经验性结论。

1991年，Hermalin和Weisbach分析了142家纽约交易所上市公司，发现高管持股比例与企业绩效之间的关系有区间性特点，即持股比例在1%—5%时，持股比例与企业绩效之间负相关，在5%—20%时是正相关关系，而超过20%的时候又变成了负相关关系。

1998年，Barnhart和Rosenstein做了一项比较分析董事会组成、经营者股权和企业价值之间关系的研究。这次研究结果的特别之处在于，在他们所构建的联立方程后的两次分析中，由于使用的方法不同，结果得出了不同的结论。其中，采用OLS（普通最小二乘法）方法的分析结果是经营者股权与企业价值之间呈现曲线关系，企业价值的峰值是在经营者股权达到34%的时候；但是当采用3SLS（三阶段最小二乘法）方法进行分析时，结果并没有出现这种曲线关系。

1999年，Barclay和Holderness等也采用普通最小二乘法，分别以1935年的1500家公司和1995年的4200家公司为样本进行研究，结果都表明了高管持股比例与公司价值之间存在倒"U"形关系。同年，Short和Keasey以英国1988—1992年的225家上市公司为样本进行的研究发现，公司绩效是管理层持股比例的三次函数。而Lasfer和Faccio以1996—1997年英国非金融类的1650家上市公司的数据进行分析，也发现企业管理者股权与企业价值之间呈现非线性关系，且高管持股水平的拐点要高于美国企业，不过他们这个结论的有效性限定在高成长性企业范围内。

2000年，学者Chen和Kim研究了企业在实行多元化战略的过程中，高管股权激励与企业价值之间的关系，他们是以新加坡145家上市公司1995年的数据为样本的，分析发现高管股权激励较低的时候，企业如果实施多元化战略会降低企业价值，但是对于高管股权激励程度高的企业而言，则不会出现这一问题。对此，他们提出实践建议，即新加坡企业应加大对企业经营者的股权激励力度。

2000年，Cui和Mak选择美国高科技行业的企业为研究对象，检验了高管股权与企业价值之间的关系，研究发现二者之间呈"W"形关系，具体为当高管持股在0%—10%时，企业价值随持股水平的上升而下降，当持股水平进入到10%—30%这个区间时，企业价值转为开始上升，当股权在30%—50%范围内时又开始下降，最后当高管股权超过50%之后，重新开始回升。他们同时提出，行业因素对高管股权与企业价值的影响很大。同年，学者Griffith、Fogelbertg和Weeks检验了美国商业银行中的CEO股权与企业价值的关系，他们以1995—1999年的数据为样本进行实证检验，结果发现CEO股权与企业价值之间呈曲线关系，两个拐点分别为CEO股权比例是12%和67%，对应的企业价值变化体现为先升后降。在他们的研究中，认为相对于其他内部持股人而言，CEO的股权起主要影响作用。

2005年，Davis、Hillier和McColgan围绕这一主题，以英国上市公司为样本展开研究，他们使用1997年的企业数据，并采用联立方程模型方法进行分析，研究结果表明经营者股权水平与企业价值之间存在相互影响的非线性关系，呈现为具有四个拐点的"双驼峰"形状。

此外，同样得出管理层股权激励与公司绩效存在非线性关系的还有Adams和Santos（2006）、Pukthuanthong，Roll和Walker（2007）、Servaes和Lins（2008）以及Benson和Davidson（2009）等学者的研究。

最后还有一种研究探讨的结论是高管股权激励与企业产出之间不存在相关性，或者相关性不显著，早在1925年就有实证研究得出这样的结论（e. g. Taussings & Baker，1925）。随着研究的不断推进，这一观点仍然一直存在，对其予以支持的研究主要有：

1985年，Demsetz和Lehn以美国511家公司为研究样本，分析其1980年的经营数据，得出管理层股权持有与公司绩效之间不存在显著相关关系的结论。他们的观点是，高管持股激励及其程度多是由企业内外环境而决定，比如说企业所处行业性质、所面对的投资机会与经营风险、所拥有的成长性以及内在的信息不对称程度等。

1996 年，Agrawal 和 Knober 以福布斯 500 强为研究对象，选取其中 383 家大企业作为样本，通过普通最小二乘法和两阶段最小二乘法对其 1987 年的数据进行研究。结果表明管理者的股权与企业价值之间存在微弱的负相关关系，但由于不显著，视为不存在影响关系。

2001 年，Delnsetz 和 Villalonga 是将公司股权结构作为内生变量来研究公司股权结构与公司绩效之间的关系的，实证表明作为内生变量的公司所有权结构与公司绩效无关。同年，学者 Mak 和 Li 以新加坡上市公司为研究对象，取其 147 家样本公司的 1995 年数据做实证分析，结果表明虽然经营者股权与企业价值之间存在一个区间效应，但是不显著。

除了上述研究之外，其他学者的研究也有得出同样结论的，比如 Schmidt（1975）、Lloyd（1986）、Kesner（1987）、Jensen 和 Murphy（1990）、Himmelberg 等（1999），这些研究均表明两者之间并不存在显著的相关关系。

（二）国内研究进展与现状

企业管理者股权激励研究在国外早已兴盛，且多年的研究有了一定的积累，但这些结论与成果是否在中国企业也同样适用，还需进一步做分析。我国所处的市场经济阶段与国外发达国家不同，企业发展所面临的内外环境有自己的特点，高管股权激励引入我国后是否会出现"水土不服"的现象？这是一个需要学者在中国情境下研究的命题。在市场经济条件下，从 20 世纪 90 年代末开始，中国上市公司也逐渐探索实行股权激励管理，2005 年开始进行了股权分置改革，截至 2007 年 7 月，我国绝大部分上市公司已经完成了股权分置改革。而学术界最早从 1997 年相关学者就开始了对企业高管股权激励的研究，从理论上探讨高管股权激励对于中国企业的适用性与有效性。

与国外一样，我国学者对于高管股权激励与企业产出之间关系的问题也持有多种不同看法。从已有文献的研究结果来看，占主流趋势的研究也多是证明高管股权激励对企业绩效的提高具有积极作用，这也为实践中我国高管持股管理的推进提供了理论上的支持与依据，当然，也有一部分学者认为高管股权激励并不具有积极意义，研究情况如下表 2 - 3 所示：

表2－3　　　我国高管股权激励与企业绩效之间关系的研究

正相关关系			曲线相关关系		负相关关系		不相关或相关性不显著	
1999	周业安	2005	陈勇、廖冠民和王霆；李维安和张国萍；黄惠馨和代冰彬；杜胜利和翟艳玲	2002	吴淑馄；白仲林；张宗益和宋增基；陈朝龙	2003	于东智	2000	袁国良和王怀芳；李增泉；魏刚；徐二明和王智慧
2000	刘国亮和王家胜	2006	蔡月峰；张兆国和张庆；刘翀和吴菁；胡阳、刘志远和任美琴	2004	杨梅	2006	俞洪琳	2001	高明华
2001	于东智	2007	高雷等；王满四和邵国良；赖普清	2006	王华和黄之骏；韩亮亮、李凯，以及宋力			2002	张宗益和宋增基
2002	张小宁	2008	何炜；程仲鸣和夏银桂；夏纪军和张晏；唐清泉	2007	邹姬			2003	向朝进和谢明；谌新民和刘善敏；胡铭；常健
2003			谌新民和刘善敏；宋增基和蒲海泉；申尊焕和牛振喜；许承明和濮卫东；童晶骏；周建波和孙菊生；邱世远和徐国栋；张俊瑞	2008	李新春、杨学儒、姜岳新和胡晓红			2004	杜志雄、苑鹏和包宗顺
2004			王克敏和陈井勇；姚琼；李长江、冯正强和王国顺；田波平；吴淑馄；宋德舜					2005	白重恩，刘俏，陆洲，宋敏，以及张俊喜
								2007	顾斌和周立烨；刘永春和赵亮

　　具体而言，认为高管股权激励与企业绩效之间存在正相关关系的代表性研究主要有：

　　1999 年，周业安在一篇讨论中国企业融资能力影响的实证研究中，提出国家股和企业法人股会对上市公司业绩产生影响的观点，且二者之间是正相关关系。

2000 年，刘国亮和王家胜以沪深上市公司为研究对象，对其 1999 年的数据做回归分析发现，无论是高管持股还是普通职工持股，都会对企业经营绩效的提高产生推动作用，这种股权激励制度的设计具有积极意义，为我国上市公司股权结构改革方向的选择提供了理论支持。同时，他们在研究中还发现，企业经理人员的薪酬水平反而对经营绩效有负面影响，也就是说在实践管理中，人们应该充分重视薪酬结构的作用，尤其是高管人员收益中起激励作用的部分。

2001 年，学者于东智以 A 股上市公司中的 923 家企业为样本进行研究，通过对 1999 年数据的分析，得出高级管理者持股比例与企业绩效之间存在正相关关系的结论，但这种相关性在统计上不是很显著。两年之后，于东智又对这一主题进行了后续研究，此次是采用固定效用模型对 1998—2002 年的平行数据进行分析，研究得出持股董事在董事会中所占的比例与企业绩效正相关，但是董事持股比例与企业绩效之间却是负相关关系的结论。

2003 年，谌新民和刘善敏以 2001 年上市公司为研究对象，通过对其截面数据做统计回归分析，得出经营者的股权比例与企业价值之间存在显著弱相关关系的结论。同时指出，对二者关系具有深刻影响的因素有企业所处行业特征、区域范围，以及资产规模与股权结构等内外环境特征。

2003 年，宋增基和蒲海泉以沪市 1997 年 12 月 31 日前上市的 143 家公司为研究样本，通过对其 1999 年的截面数据进行回归分析，得出经营者股权与公司绩效之间存在显著正相关关系的结论。

2003 年，申尊焕和牛振喜以电子信息类上市公司为研究对象进行分析，共 26 家企业，通过对这些企业 1996—2001 年的数据资料进行相关性研究，得出经营者股权与企业每股收益之间呈显著相关关系的结论。

2003 年，许承明和濮卫东在进行的关于内部人持股与上市公司绩效的研究中，指出无论是用托宾 Q 值还是净资产收益率来衡量企业价值，董事长持股与总经理持股与企业价值之间都呈正相关关系。所以，我国企业可以通过增强内部人的持股来降低代理成本，进而提升企业绩效。

2003 年，童晶骏用对比分析法进行研究，通过对比实施高管股权激励的上市公司与全体上市公司之间的业绩，发现实施了高管股权激励的上市公司具有一定的优势。

2003 年，周建波和孙菊生对 2001 年实施股权激励的上市公司进行分析，当时的样本数只有 34 家。他们研究的是持股数量的增量，通过比较股权激励实施前后上市公司的业绩，发现实施股权激励之后的上市公司绩效（用每股收益和净资产收益率作为指标）显著高于同期上市公司的平均业绩。而且，对于成长性较高的公司而言，股权激励持股数的增加与上市公司经营业绩的提高之间是正相关关系。

2003 年，邱世远和徐国栋采用两个独立样本所进行的研究表明，在经营业绩方面，高管持股数高的公司要显著好于持股数低的公司，他们以样本公司 1999—2001 年三年数据所做的实证检验证明了这一点。而且从长期来看，高管持股数高的公司的业绩发展也会较好，因为持股数的增加会使得高管在经营管理实践活动中采取有利于公司长期利益的行为。

2004 年，王克敏和陈井勇选取 1998 年之前上市的公司为研究样本，以其 2000 年年报的截面数据进行分析。研究表明，企业所有者与经营者之间的代理成本会随着管理者股权的增加而递减。与此同时，企业绩效会随着管理者股权的增加而递增，二者之间呈正相关关系。

2004 年，姚琼针对农业行业的上市公司，对经营者股权与公司绩效之间的关系进行了研究，样本数是 51 家，选用的是 1995—2003 年的平行数据。研究得出二者之间存在显著正相关关系，提出提高经营者股权能够有效缓解代理成本，增加企业价值的观点。

2004 年，李长江、冯正强以及王国顺三位学者采用 2001 年上市公司的年报数据做截面数据分析时发现，企业高级管理人员的持股数量与企业绩效之间存在正相关关系，但相关性较弱。

2004 年，田波平等对民营上市公司和拥有境外机构投资这两类上市公司进行了管理者持股的对比研究，样本数分别为 60 家和 38 家，是以 2002 年的截面数据做分析的，在方法上也选用了两种，一是普通最小二乘法，另外一个是两阶段最小二乘法。研究发现对于民营上市公司来说，只有在采用普通最小二乘法进行分析的时候，管理层股权与企业价值之间显示正相关关系，而两阶段最小二乘法的分析则得不出这样的结论；但是对于拥有境外机构投资的上市公司来说，这种正向影响作用一直都存在，不受分析方法的影响。

2005 年，陈勇、廖冠民和王霆以 1999—2001 年实施股权激励的上市公司为研究样本，研究股权增量角度的激励作用，他们对股权激励实施前后的公司绩效做对比检验，结果得出公司绩效总体会有一定的提升，但是这个上升并不是很显著的观点。

2005 年，李维安和张国萍的研究的整体目的是构建一个经理层治理评价指数，然后分析这一指数与治理绩效之间的关系。在具体指数构建的过程中，他们加大了经理层持股的测评权重，对其一些细分指标进行了单独测量，比如有股权数量、流通性以及形成方式，等等。最后得出的结论是，经理层治理评价指数与治理绩效之间存在显著的正相关关系，这个研究从侧面证明了经理层持股有助于企业绩效的提升。

2005 年，黄惠馨和代冰彬针对高科技企业，探讨了总经理持股与企业平均净利润以及平均总资产收益率之间的关系，他们使用的是 1997—2001 年的数据。所得结论表明，实施了总经理持股激励的高科技企业，企业平均净利润和平均总资产收益率这两项指标都高于没有实施的企业。除此之外，回归分析所得出的结论也表示总经理持股的比例与企业长期绩效之间存在正相关关系。

2006 年，蔡月峰对企业治理结构与绩效之间的关系进行了实证探讨，其研究样本选定了中小企业板。实证检验证明，管理层持股比例的提高有助于推动企业绩效的提升。

2006 年，刘翀和吴菁也针对我国中小企业板的上市公司，探讨了企业高管持股比例与经营绩效之间的关系，也同样得出存在正相关关系的结论。

2006 年，胡阳、刘志远和任美琴是以 2002—2004 年上市公司为样本研究这一主题的，公司业绩指标使用的是股票报酬率、总资产报酬率（ROA）、主营业务资产报酬率和净资产收益率（ROE），经营者持股方面是研究了持股总数和董事长与总经理的持股比例，研究得出的结论是二者之间存在显著的正相关关系。

2007 年，学者王满四和邵国良以 2000—2004 年上市公司为研究样本，使用托宾 Q 值来衡量企业绩效，得出高管人员持股比例与公司绩效之间存在正相关关系的结论。

2008 年，程仲鸣和夏银桂也用托宾 Q 值来衡量公司价值，他们使用 2001—2006 年的上市公司为样本，对高管持股比例与公司价值之间的关系进行了探讨，同样得出正相关关系的结论。

2008 年，夏纪军和张晏使用 2001—2005 年的上市公司为样本，用 EPS、ROA 和 ROE 这三项指标来衡量公司绩效。在高管股权方面的考虑有两部分：一是公司是否实行了股权激励，二是公司在股权结构操作上主要是衡量了高管的持股比例，研究得出高管股权激励与公司绩效之间存在正相关关系。

除了上述这些研究之外，张俊瑞（2003）、宋德舜（2004）、杜胜利和翟艳玲（2005）、张兆国和张庆（2006）、高雷等（2007），这些学者的研究也证明管理者薪酬与持股和企业业绩之间存在正相关关系。

在国内学者的研究中，也有相当一部分认为高管股权激励与企业绩效之间存在曲线关系，且有相对应的实证检验结果来证明这一观点。这方面的主要研究包括：

2002 年，吴淑馄对我国上市公司 1997—2000 年的平行数据所做的实证研究发现，企业经营者持股比例与企业绩效之间存在显著的倒 "U" 形关系。

2002 年，白仲林选用深沪两市 2000 年 1 月 1 日前上市的 A 股公司为研究样本，通过分析其 1999 年经营数据，探讨了企业股权结构、股权分散程度，以及高管持股比例等与企业市场价值之间的关系，其中的市场价值采用托宾 Q 值来衡量。结论显示高管持股与企业价值之间存在显著的曲线关系，刚开始总经理持股率增加的时候，企业价值也呈现上升趋势，当这一增量继续推进的时候，由于总经理此时所获得的激励边际效用递减，企业价值出现下降，但当总经理持股比例达到一定值之时，企业价值又重新开始上升，背后原因是此时总经理的行为目标与股东利益达成一致。

2002 年，张宗益和宋增基也针对管理者股权与企业价值展开研究。他们所选取的样本是 1997 年 12 月 31 日之前上市的沪市 A 股公司，对其 1999 年的数据进行截面回归分析，采用了三次方程模型方法进行检验，企业价值的衡量指标分别选用了总资产报酬率（ROA）和托宾 Q 值。最后得出二者之间存在曲线关系的结论，指出企业价值会随着经营者持股比例的上升而呈现先增加后减少，最后再增加的曲线关系。具体而言，当以总资产报酬率（ROA）为衡量指标时，高管持股比例的拐点分别为 0.39% 和 1.6%；当以托宾 Q 值做衡量的时候，拐点分别为 0.28% 和 1.5%。虽然拐点略有不同，但二者之间存在曲线相关关系的结论是一致的。

2002 年，陈朝龙以上市公司 2000 年年报数据所做的研究发现，经营者持股比例与企业价值之间存在曲线关系，但是这种关系具有区间特点，即只有高管持股比例落于 0.1%—1% 的区间时，企业价值才呈现显著上升的特点，在其他区域中二者关系并不显著。

2004 年，学者杨梅以 2003 年的公司年报数据探讨经营者股权与企业价值（托宾 Q 值）之间的关系，通过普通最小二乘法进行回归分析发现，管理者持股与企业价值之间存在不显著的曲线关系，呈现企业价值随着持股比例的上升而增加的现象，但到了一定数值之时，又呈现负相关关系，最后到一定比例后再重新呈现正相关关系，区间分别为：高管持股比例为 0—17%、17%—54% 以及大于 54%。

2006 年，王华和黄之骏以 2001—2004 年 143 家上市公司为样本做研究，实证检验了经营者股权激励与企业价值之间的关系。研究结果得出，经营者股权激励与企业价值之间存在显著的区间效应，呈现倒"U"形曲线关系。而且该项研究还表明，在考虑到董事会的情况下（即无论是以独立董事比例还是以非执行董事比例来衡量董事会的影响），经营者股权激励与企业价值之间的关系没有受到影响，证明二者之间的相关性很稳定。

2006 年，韩亮亮、李凯和宋力以深市 78 家民营公司为研究对象，探讨高管持股与企业价值之间的关系，得出二者之间存在显著非线性相关的关系的结论，同时从"利益一致说"与"防御者假说"方面解释了这种现象所产生的原因。当高管持股比例处于 8%—25% 时，高管持股与企业价值之间呈负相关关系，当小于 8% 或大于 25%，二者之间为正相关关系。

2007 年，邹姬研究了高管股权激励与其行为选择，以及行为选择的结果，即公司绩效之间的关系。在理论分析的基础之上，邹姬选用 2004 年上市公司为样本进行实证检验，在选取样本公司的时候，其是以高层经营者持股净资产值为标准的，即选择排名最靠前的 30 位高管所在公司为分析样本。实证研究结果发现，当经营者持股比例在 0—7.85% 范围内时，二者之间是正相关关系，此时经营者的行为选择是努力工作，提升企业绩效；当持股比例处于 7.85%—34.23% 时，二者的正向关系继续加强；当经营者持股比例大于 34.23% 时，二者之间就出现负相关关系了。对此，该研究者解释为过高的持股比例使得管理者具有了大股东身份，容易引发其利用职务之便与信息优势而侵占其他外部股东利益的行为。

2008 年，李新春、杨学儒、姜岳新以及胡晓红在以中国民营上市公司数据做研究的时候，得出"狭义内部所有人（经理层）权"与企业价值之间呈倒"U"形关系的结论。

最后一种相关性是高管股权激励与企业绩效之间为负相关关系，持这种观点的国内研究不多，目前笔者查阅到的只有两项，一项是于东智 2003 年的一项采用固定效用模型对上市公司 1998—2002 年数据进行的研究显示，董事持股比例与企业绩效负相关；另一项是 2006 年，学者俞洪琳使用 2001—2003 年上市公司数据进行研究，结论表明国有企业上市公司的管理者持股水平与企业价值之间显著负相关。

还有一部分研究文献认为高管股权激励对我国企业来说未必有效，高管股权激励与企业绩效之间没有相关关系，或者相关性不显著。一般而言，早期研究多得出这样的结论，但近期也有一些文献有类似的研究结果。这方面的代表性研究主要有：

2000 年，袁国良和王怀芳等随机抽取了 1996 年和 1997 年上市公司 100 家，对其这两年的年报数据进行回归分析，得出上市公司高管持股比例与经验业绩之间基本不相关的结论。而且进一步提出，即使是非国有控股的上市公司，二者之间的相关性也非常的低。他们认为造成这一现象的原因是我国上市公司具有独特的股权性质。

在这一观点上，2000 年的相关研究比较多，主要有：李增泉以 1999 年 4 月 30 日之前披露年报的上市公司为样本，以其 1998 年年报数据进行截面分析，用加权平均的净资产收益率（ROE）作为对公司业绩的衡量标准，分别研究了经理人员（仅包括董事长与总经理）的持股情况、经理人员的年度报酬与公司绩效之间的关系。研究发现经理人员持股比例与企业净资产收益率之间并无显著相关关系，认为我国大部分上市公司经理人员的持股比例都比较低，难以发挥应有的激励作用。

　　同年，魏刚的研究是考察我国上市公司企业经营绩效与高管激励之间的关系，他对1999年4月30日之前公布年报的上市公司进行分析，共816家，采用的方法是回归分析，高管持股是高管薪酬的测量指标之一。实证检验的结果表明，企业高级管理人员持股情况与公司绩效之间并没有显著的相关关系，也不存在所谓的"区间效应"，而且高管人员持股比例越高，与企业经营业绩的相关性反而越差。同时，研究还发现我国企业的实际状况是高级管理人员持股水平偏低，"零持股"现象比较普遍。

　　还是同年，徐二明和王智慧随机抽取了100家上市公司，根据其1998年数据来研究高管人员持股与企业绩效之间的关系，这里的企业绩效是从相对公司价值与公司价值成长能力这两个方面来进行衡量的，研究得出的结论是企业绩效和高管持股之间没有任何关系。

　　2001年，高明华针对管理层持股比例与公司绩效之间的关系问题做了研究。在这项研究中，其中绩效的衡量指标为净资产收益率（ROE）和每股收益（EPS）。研究者分别对1998年5月31日前在深交所上市的375家公司的1997年的年报数据，以及2000年4月10日前在上海证券交易所上市的473家公司的1999年的年报数据进行分析，研究结论表明管理层持股比例与公司绩效基本上不相关。

　　2003年，向朝进和谢明随机抽取了深沪两市的110家上市公司，研究高管股权与企业价值之间的关系，得出二者之间不存在显著相关性的结论。

　　2003年，谌新民和刘善敏研究了上市公司中经营者任职状况、报酬结构与企业绩效之间的关系。从整体上来看，经营者持股与企业经营绩效之间存在显著性较弱的相关关系。

　　2003年，胡铭的研究认为高管持股在我国企业中仅为一种福利制度，因为高管持股比例很低，激励性差，其以上市A股公司2001年截面数据所做的实证分析也证明了这一观点。

　　2003年，常健将董事长、总经理持股与企业绩效之间的关系从两个方面予以分析：一是在有关联交易的条件下，另一是在没有关联交易的条件下。其使用的样本是2001年12月31日前的上市公司，数据是1991—2001年的数据。研究得出结论：在没有关联交易条件下，董事长、总经理持股数量与企业业绩存在正相关关系，但是不显著；在有关联交易的情况下，他们的持股数量与企业业绩不存在相关性。

2004 年，杜志雄、苑鹏和包宗顺以乡镇企业为研究样本，研究了乡镇企业经营者持股对于企业绩效的影响。他们选取了 100 家江苏省的乡镇企业进行研究，结果并未发现二者之间存在相关关系。

2005 年，白重恩、刘俏、陆洲、宋敏以及张俊喜等学者，对上市公司所披露信息的前五名高管人员持股情况与企业市场价值之间的关系进行研究，得出二者在统计上存在不显著的负相关关系的结论。但是他们分析这种负相关性是来自于持股量数据的误差，可以忽略不计，认为二者之间还是不存在相关性的。

2007 年，顾斌和周立烨选取 2002 年之前在沪上市的 64 家公司作为研究样本，采用纵向比较法来研究上市公司高管股权激励实施的有效性，得出上市公司高管人员股权激励对企业绩效的提升作用并不明显的结论，因为对比来看股权激励实施之后，企业业绩的提升并不显著。除此之外，他们还提出股权激励效应在行业之间存在差别，认为相对而言交通运输行业的上市公司的高管股权激励效果最好。

2007 年，刘永春和赵亮以 2000—2004 年国内上市公司为研究对象，选取样本 399 家，建立了两种分析模型，一种是最小二乘回归模型，另一种是最小二乘虚拟变量模型。实证研究结果显示，从财务指标上来看，高管股权激励对于公司市场价值提升的激励效应不明显。

其他认为经营者股权激励与企业绩效之间不存在相关关系的研究还有：杨瑞龙和刘江（2002）、刘英华、陈守东和那铭洋（2003）、刘长才（2005）、宋增基、张宗益和朱健杆（2005）等学者的研究。

三　研究评述

纵览国内外高管股权激励与企业产出之间关系的研究，本书从内在原因机制，以及研究的具体设计这两个方面进行了分析：

第一，国内外高管股权激励与企业产出之间关系研究所得出的结论都不尽一致，存在相关与不相关两类争论。其中相关关系又存在正相关、负相关以及曲线相关等分歧。对于这些相互矛盾的研究结论，究其内在作用机理学者们也尝试进行了分析。整体来看，学者们对于二者关系的研究，经历了一个从外生性研究视角到内生性研究视角的过程。

其中，外生性视角是直接将高管股权看作一个独立的变量，直接研究其与企业产出之间的关系。针对实证结论的不一致现象，外生性视角主要提出两个理论假说来阐释，一是利益一致性假说，即认为股权激励能够在信息不对称的情况下，解决企业所有者与经营者之间的利益不一致问题，高管人员所持有股票的收益决定于企业绩效，那么为了实现较高的收益，管理决策方面就必须致力于提高企业的未来业绩，所以随着经营者持股水平的上升，企业绩效也会得到提升（Jensen & Meekling，1976）；另外一个是经营者防御假说，即认为过高的管理者持股会导致高管地位过于牢固，使市场在进行资源分配时的有效性受到影响。比如说并购活动的产生，有可能会由于高层利益的存在而产生障碍，由此导致企业价值的降低，给股东利益带来损失（Fama & Jensen，1983）。对于这两种假说，国内外学者在实证研究上都提供了证明（Shleifer & Vishny，1988；Stulz，1988；McConnell & Servaes，1990；田波平等，2004；MeConnell & Servae，2005；王华和黄之骏，2006）。虽然这两种假说都得到了实证证明，但是由于研究结果具有很大差异，所以在实践指导意义上，外生性视角的研究具有天然的局限性。

而内生性视角与外生性视角的最大差异，就是认为经营者持股和企业产出之间的关系是由各种因素内生决定的（Himmelberg，Hubbard & palia，l999）。在相关研究中，内生性视角的研究一般先对高管股权激励的决定因素予以充分的考虑（Bathala，1996），包括企业所处行业、自身规模（Crutchley & Hansen，1989）、管理行为（Himmelbe，Hubbard & palia，1999）、治理结构（Crutchley & Hansen，1989；Bathala，1996；Mak & Li，2001），等等，在这些影响因素的基础上，再进一步探索高管股权激励的效用问题。

但从整体研究趋势来看，高管股权激励与企业产出之间的研究，虽然已经由单独研究二者的相关性走向了考虑多种内外部因素，但是目前的理论和实证检验，还多是站在企业层面上予以分析，比如企业的内外部环境，企业不同治理机制的作用等，对于经营者自身特点的考虑仍然欠缺，缺乏对高层管理者面对股权激励这一管理措施时的内在心理感受的分析。

第二，从已有研究的设计来看，主要有如下三方面思考：

首先，鉴于高管股权激励的内生性特点，激励效用研究的设计要充分考虑情境因素。所以以国内企业为样本的研究，在设计上需要考虑到我国市场经济以及股权激励制度的特点。比如我国股权激励制度建设的起步较慢且尚未完善，"零持股"现象比较普遍（魏刚，2000），所以企业高管人员是否持股与持股水平高低，股权激励的实施与高管所持股份的多少，这些客观情况对于激励作用的可能影响就首先是一个研究设计中需要考虑的因素；又比如我国企业的股权结构较为复杂，那么在考虑高管决策权的时候，国有股的比例又会产生什么样的作用，这也是一个针对具体研究情境时可能需要考虑的方面；除此之外，相关变量的衡量指标选择也是一个问题，如目前已有研究在企业产出上主要是围绕企业价值与企业绩效进行探讨，其中企业价值方面多是采用托宾 Q 值来进行衡量；企业绩效方面多指财务绩效，即从会计角度出发使用总资产报酬率（ROA）、净资产收益率（ROE）、每股收益（EPS）等进行测量，但是在我国股票市场上，托宾 Q 值是否能真正反映上市公司的绩效还是一个具有争议的问题（巩娜，2009），以及会计指标是否能够完全充分地反映出企业股权激励的实施效果的问题还有待商榷，这些不确定性都会对实证结果产生影响。

其次，高管股权激励与企业产出之间的关系具有动态特点，高管持股比例的变化与企业绩效之间具有一种动态联系，所以简单地用横截面数据做检验，就难免存在局限性。国外是从 1999 年首次开始引入面板数据来探讨经营者股权激励效用的（Himmelberg, Hubhard & Palia, 1999），他们认为鉴于高管持股内生性特点所考虑的一些变量，有的具有变化缓慢不易观测的特点，而面板数据则有利于控制这些不可观察的变量。国内研究还多是采用一年的数据做分析，所以在理论研究与实证检验方面，学者们都应该加强和重视动态性的考虑。

最后，已有学者对于股权激励的研究主要涉及的是高管持股比例与股票期权，且多是各自为政。特别是对于国内研究而言，持股比例由于取样方便，常常作为股权激励实施的衡量代表，对于股权激励的实施与持股比例的多少二者之间的产生原理及内在作用机理的差别讨论却是空白。

第三节　多理论整合研究的提出与进展

通过上述研究文献的回顾与分析，我们可以看到对于高管股权激励与企业产出这一问题，高阶理论与代理理论在各自的领域里都取得了大量的研究成果与发展。这正如 Carpenter 等（2004）所提出的，这两种理论都认为高管会影响企业的战略行为与产出，但侧重点有所不同，高阶理论倾向于强调基于人口统计学特征的偏好与性格，而代理理论倾向于强调高管所处职位的偏好。两种理论在实证上都得到了证明，但是在解释实践活动中高管对于企业绩效的影响上却存在局限性（Jensen & Zajac，2004）。高阶理论在深入探讨高管人口特征的基础上，忽视了企业层面上的治理结构与管理行为的影响；代理理论在专注于企业治理结构的时候，没有考虑高管自身人口特征所可能产生的作用。由此，如何将二者结合起来，通过两种理论的融合来更好地解释高管与企业产出之间的关系，成为一个新的理论诉求与研究方向。

针对这一主题，国外已有学者提出了理论整合模型进行探讨。如 Wowak 和 Hambrick（2010）最新提出的"个人—回报"交互作用模型，就首次提出高管特征与薪酬的交互作用对于高管行为或者企业绩效影响的研究命题。这个模型的出发点是期望理论（Vroom，1964）与高阶理论（Hambrick & Mason，1984），在高管特征方面提出的落脚点是高管的内在心理因素，包括：动机和驱动力、认知体系、自信以及能力等。然后从这四个方面，分别阐述了高管人员对于股票期权的反应，为对高管薪酬和高管行为影响效用研究感兴趣的学者们提供了进一步研究的可选路径，呼吁更多关于高管特征与薪酬，或与激励的交互作用的研究出现。

笔者认为这个理论模型的最大问题在于变量的测量。高管研究已经由高管个人走向高管团队，那么对于团队而言，如何测量动机和驱动力、认知体系、自信以及能力者四个要素，团队层面的水平是否可以处理为个体成员之间测量水平的加权之和？高管团队中不同个体的心理指标权重又该如何考虑？这些都是在测量层面上难以解决的问题，阻碍了此模型在实证上得到检验。

国内对于二者交互作用的研究基本是空白。虽然也有研究提出了结合两种角度来进行分析，但是本质上还是割裂的，是从股权激励和高管特征两方面分别进行考虑的。比如在 2006 年，学者黄晓飞和井润田以我国上市公司为样本，研究了股权结构和高层梯队与公司绩效的关系。2010 年吴剑峰等以中国上市公司为研究对象，以高阶理论和代理理论为理论依据，探讨上市公司国际化倾向的影响因素。在这两个研究中，对于股权结构、高层梯队与公司绩效的关系探讨还是分开做的，没有结合起来从内在关联上来做理论思考和实证检验。

第三章 理论与假设

第一节 高管特征与股权激励交互效应
产生的理论原理

本书所研究的高管特征与股权激励对于企业绩效的交互影响，所依据的理论原理分为两个层次：一是从公司角度出发来看高管股权激励与企业绩效之间作用关系的产生，可以理解为企业实施高管股权激励所期望解决的问题与实现的目的；二是从高管自身角度出发分析股权激励效用发挥的内在作用机制，可理解为高管股权激励对高管人员所产生的影响。

一 企业为什么要实施高管股权激励？

企业管理的一大重点就是解决管理中所存在的问题，通过问题的解决提升企业的竞争力与效益。围绕高层管理者这一主体，相关理论从不同角度阐述了对于这些高管人员，企业所面临的管理问题与可能的解决之道，主要理论包括以下几种：

第一，交易费用理论。交易费用理论是1937年由Coase提出，自此开创了现代企业理论的先河，交易费用理论的主要贡献在于引入交易费用来解释企业的存在，在企业运行的制度结构解释上作出了很大的贡献。该理论所针对的问题之一是如何降低交易费用，管理者的激励问题也属于这一范畴，即如何制定出合理的"管理者价格"，并借此来解决无法监督管理者的问题。有学者基于交易费用理论，提出企业内部重要的是所有权结构的观点（杨小凯、黄有光，1999），不同的所有权结构会带来不同的交易成本与效率，尤其是对于高管人员的管理活动而言，其具有不好掌控的特点，如果要进行度量会花费极高的成本，所以，最有效的解决方法是由管理者拥有剩余价值索取权，由此能够体现出管理活动的间接价格，并通过剩余价值所取权的给予激发出高管人员的积极性，这也正是张维迎（1995）所持有的观点，即赋予管理者剩余权的依据是其无法监督。也就是说，从交易费用理论出发分析高管股权激励的实施，目的在于通过给予剩余价值索取权来降低高管人员的监督成本，从而降低企业交易费用，提升企业效益。

第二，产权理论。产权理论是 Alchian 和 Demsetz 于 1972 年所提出的关于企业中的产权功能、产权起源、产权类型、产权属性以及产权与经济效率的理论。产权理论认为企业本质上是基于一种"团队生产"的方式在运作，是不同成员主体共同努力的结果，需要成员之间实现良好配合与协同生产。在这一过程中，需要有一个监督管理者角色的存在，由其来组织企业成员进行生产，使得所有成员都可以朝着同一个方向努力，并杜绝偷懒行为，这个角色就是企业中的管理者。但是对于管理者本身来说，尤其是高管人员，他们是肩负了多重责任的，不仅要满足企业所有者的利益，同时还要满足自身的利益需求，那么如何实现两者之间的利益一致就是企业所需解决的问题，产权理论认为对此的解决办法在于增加高层管理人员所持有的企业股份，通过使其享有企业所有权来使双方利益达成一致。也就是说，通过高管股权激励，使这些对企业运作直接负有监管责任的人和股东的利益达成一致，帮助股东实现利益最大化的目标。

第三，代理理论。Jensen 和 Mecklin 于 1976 年所提出的代理理论，其内在含义与研究发展在本书的文献评述部分已予以回顾。简而言之，代理理论已成为企业治理层面上研究高管激励问题的最通行理论，是基于现代企业所有权与经营权的分离情况，来研究信息不对称情况下企业相关行为人之间的利益关系，从而解决代理问题的理论。在代理理论的指导下，企业希望通过建立股东与高管之间的利益一致共同体，来降低代理成本，增强公司绩效。

第四，选择理论。选择理论是直接针对高层管理人员股权激励的实施目的做分析，认为企业高管股权激励的实施目的，不是为了建立所有者与经营者之间的利益共享机制，而是吸引、筛选和保留对于风险项目有投资倾向、没有太大风险回避性偏好的且对企业的未来发展具有乐观与积极的态度的高层管理人员。是为了帮助企业在信息不对称的环境下进行人员努力程度的管理，以及帮助企业进行人员的选择，或者说是通过这种手段对高层管理者进行分类（Yermack，1995；Prendergast，2000；Lazear，2004；Oyer，2005；Nagaoka，2005；Tzioumis，2008）。如此，将那些对于企业绩效结果具有责任意识，且具有长远观点和可持续发展理念的高层管理人员招入并留在企业中，由此增加企业的价值，提升企业绩效。

综合而言，企业实施高管股权激励的动力与目的主要包括以下三方面：一是通过建立利益共同体，实现企业所有者与经营者之间的利益一致，降低代理成本，高管人员以实现企业价值最大化为目标进行管理活动；二是解决"管理者价格"问题，减少交易费用，将管理者的收入与其努力贡献程度很好地联系起来；三是吸引和保留企业所希望拥有的具有一定偏好的高管人员，为高管人员的选、用、留进行类别划分。

二　股权激励为什么能够激励高管？

对于人类行为的动因，以及动因所造成的行为结果，激励理论早已对此进行了数十年的研究，人们为了满足需求产生行为动机，行为动机激发行为的产生，而行为的产生带来结果。这一逻辑运用到管理学领域，就形成了管理领域中对于激励实质的探讨，即通过创造诱因与强化行为，使组织中的人们产生与组织目标相和谐的需求动机，引导人们采用组织所期待的行为模式来行事，在完成组织任务的同时，满足个人的需求。从高管自身角度分析企业股权激励的问题，正是属于管理学激励理论的研究领域，从人的需求出发，通过深入研究激励过程与分析影响因素来揭示激励活动的一般规律，可以解决实际管理活动中如何开展有效激励的问题。

管理领域中的激励应用，不仅关注被激励标的的需求状况，同时还关注用以激发需求的管理行为所引发的激励标的的心理活动过程，这种过程会直接影响到激励标的的行为取向与实际行动。从这个角度来研究管理激励问题的，也被称为过程型激励理论。在本研究中，高管特征与股权激励对于企业绩效的交互影响的理论原理分析，是以过程型激励理论中的期望理论为依据来进行。期望理论是美国著名心理学家Vroom于1964年提出，基本观点为：个人之所以产生行为，是基于对自身努力能够产生所希望的结果的预期，由此，企业组织在设置目标时可以考虑所想要激励的对象的需求，引发人们产生作出企业所希望的行为的动机，从而通过行为的执行来实现企业目的。有效激励的产生需要以下两个条件：其一称为目标效价，指被激励对象自身对于组织所设定的目标的价值判断。如果认为该目标具有吸引力，能够通过努力完成且能够得到被激励对象所想要的结果，那么被激励者的积极性就高，反之积极性就低；其二称为期望值，即被激励对象对组织所设定的目标是否能够实现的结果估计，如果目标实现在自己的能力范围内，努力就有可能完成，那么所起到的激励效用就高，反之，如果让被激励者感觉无论怎样努力都没有希望，那激励的效用就会大打折扣，甚至消失。只有当这两个条件都满足的时候，激励作用才有可能得到有效发挥。在此作用过程中，不同的人对同一目标的兴趣欲望是不同的，而且对于自己是否能实现这个目标的估计也存在差异。如果被激励对象对所面临的目标的难度估计过高，有可能会根据情况调整自己的行为，作出与组织设定目标不一致的行为，来满足自己的需求。

该理论运用到高管股权激励领域中，则可以理解为组织中的员工根据自身需求，对企业的股权激励所提供的目标进行主观认知并作出评价，根据认知与评价的结果来看是否能够满足自己的需求，是否能够通过努力实现，从而决定采取何种行为。也就是说，在面对股权激励时，当人们的主观评价认为该设计能够满足自己的需求，目标相符且能实现，就会按照组织所期待的方式行动；当人们认为股权激励不符合自己的需求与期待，或认为无法实现时，就有可能会选择能够满足自己的需求的行为方式来行动。

第二节　交互效应模型构建的前提假设与三大主体

本书所研究的交互效应产生于高管特征、股权激励与企业绩效这三大主体内容之间，高管特征与股权激励的双因互动形成的交互效应作用于企业绩效。在具体阐述模型三大主体的内容之前，首先需对模型的一个前提假设进行探讨，即交互效应发生之前的一个可能性影响因素——高管股权激励的授予性偏好。

一　前提假设：关于高管股权激励的授予性偏好

企业在实施高管股权激励的过程中，是否在高管特征角度上会出现股东授予性偏好？高管特征与股权激励之间的交互效应的产生，是否有可能并非由高管特征本身所引起，而是股东角度的因素所导致？针对这个问题，本研究在探讨高管特征与股权激励对企业的交互影响作用之前，首先对高管特征本身与股权激励实施的影响进行分析，在某种意义上属于交互效应的前因探讨。

高管股权激励方案是否实施，理论上是由股东的激励决策所决定。在企业实践中，股东会基于企业的发展目标与实际情况，在认为高管股权激励对企业绩效具有积极作用时才会实行股权激励。而在这个决策过程中，除了考虑企业的基本情况，如所处行业、公司规模；财务状况，如资产负债、总资产回报率、净资产收益率；市场价值，如市净率、股价；股权结构，如股权性质、股权集中度、控股股东性质等之外，高层管理人员的特征必然也是需要考虑的因素之一，即针对具有何种特点的高管团队，股东容易授予其股权激励。

为了更好的理解这一理论逻辑，在此本书以高管年龄这一具体特征为例，对高管股权激励的股东授予性偏好进行分析。对于不同年龄的高管人员，企业所有者的管理和控制也有不同的特点，有观点认为，高管年龄增长所带来的阅历、经验和能力的提升，使其人力资本价值也得到增加，管理能力也在进步（Lazear，1981），股东愿意通过股权激励来表达对其人力资本价值的认可。同时，还有一个在实践中容易看到的现象，就是当高管人员临近退休年龄的时候，会出现短期行为，比如我国企业管理者的"59岁现象"。对于这一问题，学者Dechow和Sloan（1991）在一篇关于高管激励与视野问题的研究中也指出，接近离任的高管人员由于预期无法继续获得未来的在职利益，所以可能会作出以企业的未来利益为代价来增加自己近期收入的行为。对此，很多企业将高管股权激励作为尝试解决这一问题的手段，学者们也认为通过授予临近退休的高管股权激励，能够将退休高管的利益与企业长远利益联系起来，有利于企业绩效的提升（Smith & Watts，1982；Dechow & Sloan，1991）。也就是说，对于年龄大的高管，公司股东往往具有授予其股权激励的偏好，一方面是对其人力资本价值的认可，另一方面则是为了预防退休心态所引发的短期效应。所以，在企业制定经营者报酬的时候，常常会偏向于选用股权激励等长期激励的方式将年龄大的高管人员的利益与企业长期利益联系起来，Phillip 和 Cyril（2003，2004）在一项以英国公司为样本的研究中发现企业 CEO 的年龄与其股权报酬正相关，国内学者牛建波（2004）的研究也指出年龄大的高管容易得到更多的长期激励。

综上所述，高管特征与股权激励之间也有可能存在一定的联系。所以，考虑到本模型研究主题是高管特征与股权激励对于企业绩效的交互影响，关注的重点是从高管特征出发的、高管自身对于股权激励所产生的心理反应及行为动力，以及这种行为产生可能对企业绩效的作用，而不是从股东角度出发的股权激励的授予问题。我们假设在本模型中高管特征与股权激励之间不存在股东授予性偏好，两者之间的效应分析完全是建立在高管对于企业股权激励的反应的基础上。

二　动因之一：团队层面上的高管人口统计学特征

正如本书的文献与评述部分所提及，高阶理论的核心内容在于企业高层管理者的年龄、教育水平与背景、职业背景，以及任期等人口特征反映了高管人员的认知基础与价值观，进而会影响到企业的战略选择与组织绩效。在研究交互作用动因之一的高管特征方面，高阶理论可以说是一个很好的理论演绎点。从这方面出发，本模型构建主要有三个理论要点，具体阐述如下：

首先，本书所研究的高管特征是在团队层面上。从 1984 年高阶理论提出至今，围绕高层管理者特征的研究也是经历了一个从 CEO 个人到高管团队（Top Management Team，TMT）的过程。已有大量研究证明，针对高管团队的研究探讨要比只关注高管个人更有意义和价值，从个人到团队也是高阶理论自身发展与完善的标志（Hambrick，2007），这同时也是高管团队构成与团队过程研究之所以受到热捧的原因（e. g. Bantel & Jackson，1989；Carpenter & Fredrickson，2001）。研究的这一发展趋势也是与企业实践活动的客观情况相切合，不难理解，企业中的领导力是个集合体，企业战略决策与行为是高层管理者集体的认知、能力以及互动的结果，决策权属于高层管理者集体拥有，不仅仅是 CEO 的单人特权，各高管人员对于决策的制定或企业行为方式的选择都有一定程度的影响（Cyert & March，1963；Gupta，1988）。

其次，此处的高管团队特征是指人口统计学特征，主要包括高管年龄、教育背景、任职期限、任职背景以及社会经济地位等方面。而且，团队特征在研究上又可以细分为单项特征与特征分布两大范畴。其中在单项特征的研究中，存在一个假设前提，即高管团队中的成员相互之间在影响力上不存在差别，可以用团队成员个人特征的平均值来作为团队特征值，目前高阶理论领域中所做的研究也多是如此操作的（e. g. Carlsson，Karlsson，1970；Hambrick & Mason，1984；Hambrick & D'aveni，1992；Bantel & Jackson，1992；Tihanyi，Ellstrand，2000；Wei，Wang & Young. ，2003；Patzelt & Nikolw，2008）；特征分布的研究可以从团队成员各单项特征入手做同质性和异质性的研究，用异质性指标作为团队特征的衡量指标。由此，人口统计学特征在一定意义上替代了心理指标，进入到高管对企业产出的关系研究中。对此，围绕高阶理论的大量理论研究与实证研究已对其可行性进行了证明。

最后，有关高管团队成员的界定问题。从理论上讲，高管人员是指那些代表企业所有者（股东们）行使日常经营与管理决策并执行公司发展战略的经理人队伍中拥有最大决策权力、负有重大责任的人员。本模型中的高管团队，从理论上讲也是指那些对企业行为与产出有影响的高层管理者，在企业实践管理过程中，这些人一般都属于企业战略制定与执行的最高层，负责整个企业的运作。但这仅仅是理论上的理想界定，在研究操作上到底哪些高层管理者应该纳入高管团队的研究范围中，目前学者们还多是各自根据研究需求与目的而定义。为了加强本模型的操作性，本书对国内外已有研究中主要存在的几种界定形式进行了回顾性介绍，主要包括以下四种界定方法：

第一种方法是按照企业管理制度所赋予的高管职位头衔来主观判断和界定，这种方法在研究中比较多见，比如有：高管团队是公司高层经理的相关小群体，主要包括 CEO、总经理与副总经理，以及直接向他们汇报工作的高级经理等（West，Schwenk，1996；Boeker，1997；Li & Xin，1999）；高级管理层包括企业首席执行官、总裁、首席运营官、首席财务官，以及下一个层次的最高级别的人员（Krishnan，

1998）；高层管理团队成员指具有总经理、首席执行官或者总裁头衔的高级管理人员，以及那些具有副总经理、副总裁、总会计师或者首席财务总监等头衔的高级管理人员（魏立群、王智慧，2002）；高管人员主要是指公司中的总经理、副总经理、财务总监、董事长、董事、独立董事和监事（陈晓红、张泽京和曾江洪，2006）；高层管理团队成员由总经理、总裁或 CEO、副总经理、副总裁、董事会秘书和年报上公布的其他管理人员组成，包括董事中兼任的高管人员（陈伟民，2007）等等。

第二种方法是按照企业等级制度，直接划分一个高管区间来研究。比如 Geletkanycz（1997）在一项研究中，直接将研究对象定义为副总裁以上的所有高管；Elron（1997）的界定是"从首席执行官到高级副总裁层次的高级管理人员"。

第三种方法是深度分析样本，以样本公司自己的定义为依据来界定高管团队。其中又包括两种手段：一是直接按照上市公司公开年报中的高管定义来确定（e. g. Wiersema & Bird, 1993；Boone, Van & Van, 2004）；二是通过对样本公司的高管人员，主要是 CEO 进行访谈，让其来确定哪些人对于企业决策和行为有影响，将这些人纳入所研究的高管团队范畴（e. g. Sambharya, 1996）。

最后一种方法是考虑操作层面的便利取样来界定。比如说通过考察高管薪酬水平，将研究对象圈定为薪酬最高的前五名高管（e. g. Ferrier, 2001）。国内很多研究也多是如此，将我国上市公司公开年报中披露了股权情况、薪酬，以及相关个人信息的高管人员纳入到研究范围内，一般是前三位高管人员。

除了这四种界定方法之外，在实际操作中还需要考虑情境因素。比如说国别差异对于高管团队成员的影响。举例来说，当以中国企业为研究对象时，高管团队的确定还要将我国企业的现实情况考虑进来。最典型的比如说中国不同性质的企业，某些高管的职位名称与实际身份的对应与一般的管理规范并不相符，朱克江（2002）在一项研究中就提及，对于我国国有独资公司或者国有控股企业来说，其董事长未必是企业委托人，而多是与总经理一样属于代理人。那么在研究高管团队的时候，董事长也应当包含在内，这也是为何在国内企业高管研究中，经常会将董事会高层纳入分析范畴的原因之一。总而言之，在研究中高管团队界定尚未有统一的执行标准。本模型中的高管团队，也是建议从研究目的性与可行性出发根据实际需求来界定。

三　动因之二：股权激励的增量效应与存量效应

作为高管薪酬体系设计中的重要部分的股权激励，是本研究所建交互效应模型中的另外一个动因。代理理论认为高管股权激励是能够帮助企业所有者提高管理监督的有效性，最大化企业价值的有效手段，是一种激励或者风险补偿。

高管股权激励是指企业通过授予高级管理人员一定的公司股票或者股票期权等带有不确定性的长期收入的方式，将高层管理者的自身利益与企业经营绩效联系起来，从而激发高层管理者的积极性，引导其为了企业长期目标的实现而努力。对于企业而言，股权激励可以说是解决代理问题的一种方式，同时也是企业对人力资本价值予以肯定的一种表现，使得高管人员参与到企业剩余价值的分配中来，通过薪酬回报来反映其工作的努力程度与工作绩效。对于高管而言，股权激励之所以产生激励效应，要看其是如何将高管利益与企业发展联系起来的。比如说对于持有股票期权的高管，获得收入的方式主要有两种：一是在行权时，股票的市场价格高于当时约定的价格，高管从中可以获取一个价差收入；二是当高管行权得到股票后，可以通过转售得到转售时的增值收入。这两种收入加起来，就是高管通过股票期权的所得。由此，将高管的薪酬与股票价值挂钩，经营者与股东之间形成共同的利益共同体。不过与此同时，股权激励所具有的不确定特点，使其与基本薪酬相比对高管人员存在一定的风险性，股票价格下跌，高管手中持有的股票价值就会随之下降，企业发展不好，所授予的高管期权也毫无价值。

高管股权激励的实施有多种类型，常用的比如有限制性股票、股票期权、股票增值权、管理层持股、激励基金、虚拟股票、延期支付计划等等。学者们对于股权激励类型从不同角度进行了划分，本书整理如表3－1所示：

表 3 - 1　　　　　　　　　　股权激励的已有类型划分

分类角度		类　别		代表性研究
所赠股票价值类型	增值权	● 股票期权 ● 股票增值权 ● 模拟股票		司徒大年，2004
	全值赠与	● 限制性股票 ● 绩效股票 ● 股票延期支付		
激励模式		● 限制性股票 ● 股票期权 ● 虚拟股票	● 延期支付计划 ● 业绩股票 ● 储蓄参与股票	黄之骏，2006
		● 业绩股票模式 ● 股票期权模式 ● 虚拟股票模式 ● 股票增值权模式	● 业绩单位模式 ● 延期支付模式 ● 限制性股票模式 ● MBO 模式	赵民、李雪和陈立华，2003
基本权利义务关系		● 现股激励 ● 期股激励 ● 期权激励		黄国安，2004； 谌新民，2005；

　　如上表所示，目前对股权激励的分类研究主要还是从管理实践活动中的执行方式出发而进行。股权激励具有多种不同的具体执行类型，而且各自在来源、内容、权限以及兑现等方面都有不同的规定。由此，其背后所涉及的利益一致与风险共担问题所造成影响的方向与强度，其实在不同股权激励类型中是不一样的。但由于本研究模型主要关注高管特征与股权激励对企业绩效的整体交互作用，所以暂时没有针对具体的股权激励形式作出划分和研究，而是从股权激励实施对于高管所起不同作用的角度出发，将股权激励分为两种类型：一种是企业颁布股权激励的实施方案，即企业决定授予高管股权激励的新近状态；另一种是股权激励实施之后，高管对于公司所有权的拥有结果，即高管的持股比例数。在此，本书将这两种类型的作用分别命名为高管股权激励的增量效应与存量效应，二者分别对应的是公司股权激励决策问题与管理者所有权问题，这个划分可以为作用机理的深入探讨提供分类依据。

四 效应载体：企业绩效

高阶理论研究框架下，高管特征所带来的行为结果，是指企业层面上的战略决策与企业绩效（Hambrick，1984），该理论认为企业高层管理人员的特征影响了企业的绩效产出，也影响了企业战略的选择，并且在影响企业战略决策之时也会影响到企业绩效。具体的战略选择与企业绩效内容，则是继承了以往主流企业战略研究领域文献的研究。代理理论框架下所研究的高管激励效用，一般也是实证检验其对于企业绩效的有效性，这里的绩效一般是指组织层面上的绩效。而且，即使从团队绩效与企业绩效的层次差别上来考虑，高层管理团队因为负责的是整个企业的经营决策和产出，所以团队绩效在很大程度上确实是会影响到企业绩效的，正如学者 McGrath（1984）所说，组织中某一层次的绩效对另一层次的绩效是有贡献的。所以本模型中的交互效应作用载体部分，是以企业绩效为对象进行考量研究。

第三节 交互效应产生的源动力

在本模型理论原理的第一部分，本书对企业实施高管股权激励的理论依据进行了阐述。股权激励与高管特征之间的互动，本质上是高管对于外在激励的反应。但是从企业之所以实行高管股权激励角度来看，其内在作用机理却有其他理解。这可从股权激励方案的实施的增量效应与高管持股的存量效应来分析，其中最主要的差异就在于二者对于企业高管股权激励目的的理解不同。具体而言，高管薪酬结构中的股权激励部分，所起作用主要包括两个方面：其一是选择作用，其二是激励作用。选择作用偏向于解决企业信息不对称所带来的管理盲区问题，以及以投资风险项目为基础的高层管理人员选择，而激励作用则侧重于解决公司的委托代理问题，强化股东与管理者的利益一致性。在此，本书分别从股权激励的增量效应和存量效应入手，理论推导不同效应下交互作用产生的源动力。

一 股权激励增量效应出发的选择目的

本模型中的增量效应，理解为在企业管理者原有的持股基础上授予新的股份激励，或者是对从未开展高管股权激励的公司开始进行股权激励管理，是原有基础上的增加值概念。对于股权激励方案实施的增量效应，本书从选择理论的角度入手进行推导分析，选择理论认为企业实施高管股权激励的目的并不是直接以企业绩效的提升为目的，并非是建立企业与高层管理者之间的利益共同体。选择理论认为股权激励的出发点与目的，是帮助企业在信息不对称的环境中对人员的努力程度进行管理，以及帮助企业进行人员选择，或者说是通过这种手段对高层管理者进行分类（Yermack，1995；Prendergast，2000；Lazear，2004；Nagaoka，2005；Tzioumis，2008）。具体而言，用选择理论对高层管理人员的股权激励进行的分析主要包括以下两个方面：

首先，选择理论认为企业实施高管股权激励能够促使高管人员选择有利于企业发展的投资项目。在企业所有者与经营者之间相互分离的代理活动中，股东会因信息不对称而出现不甚了解企业经营发展的状况，外部投资者也不清楚管理者的动向与行为。那么如何保证进行企业实际运营活动的管理者与股东的目标相一致，如何保证高层管理者努力的方向与股东所期待的方向相一致，薪酬设计中与企业绩效直接挂钩的这部分就是为了解决这一问题。这个问题的理解要回顾下代理理论，在代理理论的研究中，高管付出与努力的回报的评价标准多是注重衡量高管与企业绩效提升平均值之间的关系，看是否有助于改善企业绩效的表现，却容易忽视高管具体行为的影响。选择理论一定程度上是对此进行了弥补，其认为在高管人员的努力方向的评价上，最具代表性的是看高层管理者是否会主动选择有利于企业发展的投资项目。典型的比如说进行革新式生产活动，选择好的投资项目，甚至是带有风险性的投资项目，通过长久的项目收益最大化来提升企业绩效。那么在这个过程中，如何让高管的努力直接与这些项目的选择结果挂上钩，而不是仅看最终的平均绩效表现，这也就是如何让高层管理人员直接对项目的选择以及项目的推进而负责的问题。对此，股权激励就是一种可以选择的方式，特别是采用限制性股票的股权激励方式，更是常常用于此类项目管理中，因为是否投资某项目取决于企业高管的决策。Lambert（1986）的研究对此进行了证实，指出如果企业想要促使高层管理人员选择更有利于公司发展的投资项目，就会偏向于对高层管理者实施股权激励。Prendergast（2000）和 Lazear（2004）

的研究也表明，股权激励的实施能够促使企业高层管理者去选择有利于企业盈利的项目进行运营。

其次，选择理论认为股权激励实施的目的是对高层管理者进行筛选和分类。有学者根据理论分析，认为如果企业的目标仅是为了吸引和保留高层管理者，那么在薪酬管理上最起作用的是薪酬数量，而不是薪酬的形式安排（Ittner, Lambert & Larcker, 2003）。薪酬的形式则是会对所吸引和保留的高管人员类型产生影响，尤其是股权激励的实施，可以引来那些对风险不是太具有厌恶情绪的高层管理者，这正如巩娜（2009）研究所指出的，以股权激励为基础的薪酬契约对那些较少规避风险的高层管理者的吸引力更强，与此同时，对于那些所受教育水平高的技术人才，股权激励也更具吸引力。除此之外，对企业长期可持续发展怀有信心的、更看重自己人力资本价值回报的、希望自身能够对薪酬回报有一定影响力的高管，也会偏好股权激励的实施（Oyer & Schaefer, 2005），股权激励实施本身就具有对人才特点进行甄别的作用，只有那些具有冒险意识和长远发展观念的高层管理者，才会主动寻求和接受实施股权激励的公司，且在工作过程中具有良好的心态与表现，股权激励是很好的吸引和留住这类员工的办法，有学者的研究结果对此予以支持（e. g. Hall & Murphy, 2003；Ittner, Lambert & Larcker, 2003）。股权激励在留住高管方面，除了本身特点所产生的上述吸引力之外，还有另一个原因是与行权有关，即一般来说，在企业股权激励方案中，都会有一个高管行权的工作年限规定，高管必须在企业工作了一定的年数且满足一定的条件之后，才能行使股权。也就是说，股权激励是为了达到选择、吸引和留住合适类别的高管人员才进行的。

由上，增量效应出发的选择作用在于，通过股权激励能够吸引来愿意进行项目投资且愿意承受一定风险，对于企业绩效结果具有责任意识，且具有长远观念和可持续发展理念的高层管理人员，并且能够防止人员的流失，由此增加企业的价值，提升企业绩效（Core & Guay, 2001；Core, Guay & Larcker, 2002；Hall & Murphy, 2003；Ittner, 2003；Lazear, 2004；Oyer & Schaefer, 2005；Nagaoka, 2005）。针对企业管理实践的调查也证明了这一观点，（Oyer, 2004）对美国企业实施股权激励计划的目的进行调研，结果发现股权激励的实施是为了吸引和挽留人员，该研究结果对选择理论予以支持，否定了股权激励是以激励为目的的说法。所以，虽然对比通行的激励作用的观点，选择理论的观点相对而言并没有受到太多的重视，但是却是与企业管理实践中的客观情况高度相符的。

二 股权激励存量效应出发的激励目的

股权激励存量效应的源动力问题，主要是站在代理问题的解决角度来分析。代理问题的解决思路主要是通过建立企业所有者与经营者之间的利益共同体关系，来降低信息不对称所可能带给投资者的损失。而这个利益共同体的建立，则落脚于高层管理者对企业的所有权问题，即本书所划分的股权激励的存量效应范畴，以高管持股量作为主要表征。高管持股对于高管人员产生激励的观点，得到了国内外众多学者们的研究支持（e. g. Jensen & Meckling，1976；Holmstrom，1979；Haugen & Senbet，1981；Jensen & Murphy，1990；John & John，1993；Yermack，1995；Bryan，2000；Core，Guay & Larcker，2002；Murphy，2003；Hall & Murphy，2003；Muurling & Lehnert，2004；谢德仁，2004；杨国民，2004；黄国安，2004），这些研究的共同观点是，他们都认为股权激励的实施主要是针对企业的代理问题，是为降低代理成本而采取的管理行为，以此弥补传统管理手段的不足，即通过高管持股使企业股东与高层管理人员之间的关系由之前的纯雇用转为利益合作伙伴，将高管所得回报与企业股票价值联系在一起。分享机制的建立形成了双方的利益共同体，强化高管提升企业绩效的动机，最大化股东财富，对于高层管理者的管理，由外部管控的方式转为高管人员的内在激励。存量效应的股权激励研究主要落脚于高管持股情况，即从管理者所有权角度来进行分析。

存量效应的股权激励的作用在于，通过高管持股，实现高管自身利益与企业利益之间共同体的建立。剩余价值收益的获得，一方面能够体现企业对高层经营者努力工作的回报；另一方面，高管所持股票的市场业绩导向也增加了高管所获报酬的风险性，二者都会促使高管为提升企业绩效而努力工作。

第四节　交互效应的内在联动机理与研究假设

一　交互效应的内在联动机理

本模型理论原理的第二部分对股权激励为何能够激励高管进行了阐述，无论是股权激励增量效应出发的选择作用，还是股权激励存量效应出发的激励作用，最终都是在企业实施股权激励的高管人员身上发生效用，那么，具有不同特征的高管人员在面对高管股权激励的反应，以及在这种反应下所产生行为对于企业绩效的影响，即为本模型内在联动机理的关键要义。在这个作用过程中，有两个因素至关重要，一个是这些高管自身的需求与偏好，另一个是其对于股权激励的认知与评价。

首先，从需求与偏好上来看，不同高管人员的需求偏好不一样，他们所看重与追求的东西，以及所能接受的行为方式也就存在差异。比如说有的人可能关注经济利益，而有的人可能对于自身名誉更为看重，乐于追求职业生涯的自我价值实现，还有的高管可能更看重安全感，不愿意冒风险；在做事方式上，有的高管喜欢激进的做事方法，而有的高管偏好严谨保守的行为方式（Rokeach，1973）。由此，高管需求与偏好的不同直接影响到其与企业薪酬设计及实施方式之间的契合程度。其次，从认知与评价体系来看，当高管面对股权激励时，他们的认知与评价体系会对此设计所可能带来的结果进行分析，分析结果会直接影响到高管对股权激励所作出的反应，包括反应的程度与反应的方向。比如说，持有高风险高回报观点的、具有冒险会带来较高收益的认知评价体系的高管人员，在面对风险导向的股权激励时，会作出积极的评价反应，较为容易接受这种薪酬设计并赋予相应的行动；但是，那些个人认知体系中对风险存在消极观念的高层管理者，对于这种风险导向型的薪酬设计就不甚感冒，甚至会产生排斥心理，这都是取决于其认知评价体系中的风险规避程度。

在此基础上进一步推导，高管的需求偏好与认知评价体系会受多种个人因素的影响，包括价值观与个人特质等（Hambrick，2010）。价值观包括物质性、不确定性规避，以及集体主义与个人主义等方面，对于偏好与认知评价具有潜在影响；个人特质影响下的激励功能也已得到多位学者的研究证明，对于同样的行为与结果，有些个体就会产生强烈的欲望和期待，而另外一些则就那么一回事儿（Barrick，Stewart，& Piotrowski，2002）。

但是在具体的相关研究中，股权激励往往是代理理论的研究领域，对该问题进行探讨的学者们往往对高管需求偏好与认知评价体系不够关注。对此有学者解释为高管个人偏好的关注研究在有效性上很受限，因为个人偏好常常不可观察，也不好用可替代的东西来测量（Brickley et al，1997）。类似这样的观点容易使人们忽视掉那些有可能被测量到的部分，即我们模型中在动因之一部分所提及的高管人口统计学特征。

接下来本书将对模型的内在联动机理进行详细阐述，并在此基础上提出研究假设，为下文以中国上市公司为样本来进行的实证检验做好准备。其中，高管特征主要从高管年龄、高管教育水平、高管任期三个方面入手；高管股权激励主要从存量效应角度进行分析，以高管持股比例为衡量指标。在此需要说明的是，之所以只选择存量效应角度来进行分析，主要有如下两方面考虑：首先，本研究所关注的增量角度的选择作用与存量角度的激励作用的分析，其背后本质都是考量高管特征面对高管股权激励所带来的风险性与利益一致性所产生的反应与影响，所以可以以其中一种作为代表对模型内在机理进行说明及实证检验；其次也是考虑到我国上市公司的实际情况，这一点对实证检验的影响更为强烈一些。我国企业股权激励的正式施行起步较晚，是在 2005 年 12 月 31 日证监会发布《上市公司股权激励管理办法（试行）》（简称《管理办法》）之后才正式开始实施的，《管理办法》规定我国完成股权分置改革的上市公司，可以以本企业股票为标的，采用公开发行新股时预留股份、向激励对象发行股份、回购公司股份等三种来源方式，对其董事、监事、高级管理人员及其他员工进行长期性激励。其中的高管股权激励，是指以企业首席执行官为首的高级管理团队成员为对象的股权激励。发展至今，股权激励方案的颁布企业规模数依然较小，其中还存在很多停止实施的企业（指股权激励未成功完成之前的停止），有些年份只有单独几家，如 2006 年仅六家，此外，所颁布法案中股权激励实施的相关信息披露也不到位，使本书增量效应的实证检验陷入样本不足的困境。所以本研究暂时只从股权激励的存量效应角度出发进行检验，以高管持股作为代表，来研究高管特征与股权激励对于企业的交互影响。

二 高管年龄与股权激励对企业绩效的交互影响

以往研究已表明，高管年龄会影响到高管人员对激励措施的反应
（MacCrimmon & Wehrung，1990），进而影响其战略决策行为与企业绩效
（Carlsson & Karlsson，1970；Vroom & Pahl，1971；Hambrick & Mason，
1984）。与高管特征的平均值水平和异质性分析相一致，年龄对高管行
为的影响及其行为对企业绩效的影响分析，也主要存在两种路径：一是
探讨高管年龄大小的影响，二是研究团队中高管人员之间年龄差异的影
响。后者的影响主要体现在团队的凝聚力方面，以及在考虑团队成员内
部关系与活动进程时的决策权研究，在探讨激励有效性的时候，主要是
从管理经验积累度与外部变化适应性这两个方面来进行，侧重于年龄的
大小。

一般认为，相对于年轻的管理者来说，年龄大的高管人员在管理经
验方面要更为丰富一些，人力资本价值随着年龄的增加有所提升，但是
在适应变化、开拓创新，以及接受风险等方面却要稍逊一筹。对此已有
研究的结论也已证实：一方面，相对于年轻管理者而言，年龄大的高管
可能在体力和精力上都有限，没有足够的精力和体力去变动或采用新的
思想和行为（Chown，1960）。而且研究发现高层管理人员的年龄与其整
合信息、做决策的能力与信心为负相关关系，往往决策所需的时间也更
长（Taylor，1975），在学习和接受新东西方面也困难一些，所以更趋于
保守，较少有创新精神，不愿意作出变革（Child，1974；Bantel & Jack-
son，1989；Wisrsema & Bantel，1993；Ellstrand & Daily，2000）。另一方
面，年龄大的高管人员或许正处于一个最看重自身的财务稳定与职业安
全的时期，同时出于对退休金的考虑，任何有可能引发变动的因素他们
都会想办法避开（Carlsson & Karlsson，1970）。也就是说，年龄大的高
管人员更为关注他们的经济利益和职业稳定性，因为他们的社交圈、消
费特征以及对退休后收入的期望已经建立起来了，认为任何可能破坏这
些的风险行动应尽可能被避免。Cadsby、Song 以及 Tapon（2007）的研
究也发现风险回避型高管即使有激励机制，行为表现也不明显，所以年
长的高管比较安于现状，更看重收入和职业的稳定，较不愿意进行风险
投资，也不愿意接受不确定性高的事物（Carlsson & Karlsson，1970；
Wisrsema & Bantel，1993；曹志来和钱勇，2008），此时的股权激励对公

司绩效的积极作用也会降低。

而年轻的高管更容易产生新的管理思想，接受新的管理观念，更愿意通过创新来把握和创造更多的市场机会，更有意愿接受风险的挑战，对不确定性的接受程度高于年长管理者。已有研究表明，相对于年龄大的高管而言，年轻的管理者比较倾向于接受新鲜的事物，更富有创新与冒险精神，由此也更倾向于接受和进行较大的战略变革，对于未来也有更长的预期（e. g. Dechow & Sloan, 1991; Wiersema & Bantel, 1993）。

所以本研究认为，高层管理团队平均年龄越大越倾向于回避风险，更愿意维持现状，而这种风险厌恶使其不喜欢薪酬设计具有太多的灵活性，即使灵活的薪酬计划有可能提高他们所获得的薪水，股权激励的实施未必能够提升其业绩表现，反而有可能使高管产生厌恶心理，影响到企业绩效。而年轻的高管团队则更愿意尝试创新的冒险行动，由此可能捕捉到更多的市场机会，他们更偏向于接受薪酬设计具有更多的灵活成分，为了企业长期利益而努力的可能性也就越大，进而也就容易得到较好的绩效表现。

基于上述分析，本书提出假设如下：

假设1：高管年龄与高管持股比例的交互作用在对企业绩效的影响中存在负向调节作用，即高管年龄越大，持股比例越高的企业绩效越差；持股比例越高，高管年龄越大的企业绩效越差。

三 高管教育与股权激励对企业绩效的交互影响

教育是对高管认知能力产生影响的重要因素之一（Hambrick & Mason, 1984），高层管理人员从自身受到的教育经历中所获得的知识积累与技能培养，以及所形成的思维方式与行为倾向，都会引发管理者的态度与能力差异，在面对企业管理的措施与手段的时候，也会产生不同的反应与行为，只有在与其相适应的企业管理环境中，才能够最大限度地发挥自身价值，对企业绩效的提升产生正面影响。

对此，已有不同学者进行了探讨和研究。卡内基学院的理论学家的大量研究表明，管理者认知对于战略决策的制定和组织产出具有影响作用（March & Simon, 1958; Cyert & March, 1963）。高管的认知体系会影响到其对于决策相关信息的分析，进而影响到企业的战略决策与企业绩效。而高管教育则决定了他们的认知定位和知识量，高管所受教育与其创新能力、知识量、变革的开放性之间存有相关关系（Wiersema & Bantel，1993；Datta，Rajagopalan & Zhang，2003）。

　　高管人员的教育特点对于企业行为与产出的研究，一般是从教育程度和教育类型异质性这两方面来考虑的。其中的高管教育类型背景的异质性，一般是从知识积累的不同所形成的选择偏好差异、信息获取渠道与分析角度的不同所形成的多元化观念等这些特征出发来分析高管人员对于企业决策质量、团队冲突与凝聚力，以及企业绩效的影响，与股权激励的有效性关系不大。由此，本研究专注于对高管教育程度的探讨。

　　教育程度即所受教育水平，高管的教育水平对企业绩效有积极的影响作用，甚至有研究表明，在高管人口统计学特点与企业战略变化之间关系的研究中，高层管理团队的平均教育水平是最强的解释变量（陈守明、李杰，2009）。之所以如此本书分析主要有三方面原因：首先，高教育水平的高层管理者往往具有较高的认知能力、较好的信息获取能力与信息分析处理能力（Wiersema & Bantel，1992；Smith，Smith & Olian，1994；Hambrick，Cho & Chen，1996；Finkelstein & Hambrick，1996；Tihanyi，Ellst & Daily，2000；陈伟民，2007），具有较高的洞察预见力和执行能力，能够在越来越复杂和激烈的市场竞争中，站在时代前沿，创造、把握适合企业发展的市场机会，引导企业走向正确的方向。其次，高教育水平的高层管理者，在快速发展的社会经济环境中，对新观点和新管理思想的适应性也较强，对于外界环境变化的应对能力也较为灵活，心态上更容易接受创新行为。受教育程度越高的高管团队越倾向于实施战略调整与系统变革，有实证研究也已证实，高管团队成员的平均受教育水平与组织创新、战略变革之间存在正相关关系（Bantel & Jackson，1989；Wiersema & Bantel，1992）。最后，高管人员教育水平会影响到他们的选择偏好和战略倾向。一般而言，相对于低教育水平的高管人员，高教育水平的高管人员更看重企业的长远利益和可持续发展（Bantel & Jackson，1989；Wiersema & Bantel，1992），所作出的决策更有利于企业的长远发展。虽然有学者的研究曾提出风险规避与受教育程度是正相关关系的看法，认为学历越高的人在行事上越不喜欢冒风险（Bellante & Green，2004），但是其出发点与落脚点是侧重于分析高管在面对多变的外部环境时，因高教育水平而导致考虑问题过多所造成的故步自封，关注点并不是面对内在管理措施的反应。对于股权激励的行为反应，更多的研究结论还是从长远发展角度出发来分析，是持积极看法的。

所以，本研究认为受教育程度较高的高管人员，所获得的有效信息也越多，拥有更多的知识和能力去寻求机会并作出评判选择，对企业绩效提升的作用更大；而且受教育程度高的高级管理者，一般对模糊性具有更大的容忍度，自身也更愿意接受薪酬设计中的灵活部分。除此之外，受教育水平高的高管团队，也更倾向于从长远角度来看待企业的发展，对于以长期利益导向的股权激励的接受性也就越高。而个人利益与企业利益的一致，会进一步强化高管教育水平与企业绩效之间的正相关关系。

基于上述分析，本书提出假设：

假设 2：高管教育水平与高管持股比例的交互作用在对企业绩效的影响中存在正向调节作用，即高管教育水平越高，高管持股比例越高的企业绩效越好；持股比例越高，高管教育水平越高的企业绩效越好。

四　高管任期与股权激励对企业绩效的交互影响

在本研究中，高管任期指的是高管人员在高管团队内的任期，而不是高管人员进入组织的任期。高管任期也是一个对高管战略决策，以及企业绩效产生重要影响的高管特征变量（Hambrick & Mason，1984；Smith，1994；Finkelstein & Hambrick，1996），任期会影响到高管团队对自身现状的看法、信息所得的多样性，以及风险责任的态度等多个方面（Finkelstein & Hambrick，1990）。高管团队任期的研究包括任期长短与任期异质性这两个方面，相关研究所得结论并不一致，存在多方面的讨论和分析，本书分别予以讨论。

（一）高管任期长短与股权激励对企业绩效的交互影响

在已有研究中，高管团队任期长短一般是将团队内各成员在组织中的任期时限求均值而得到（e. g. Hambrick & D'aveni，1992；Bantel & Jackson，1993；Finkelstein & Hambrick，1996）。在高管股权激励有效性的研究中，任期一般是作为控制变量出现。有研究表明，随着高管的任期延长，持股比例也会有所增加，董事会在制定高管薪酬计划时，也更会愿意考虑长期激励，加大股权激励的力度（Lazear，1981；牛建波，2004）。同时，持有公司股权或者是实施了股票期权管理的公司的高管人员，可能会具有更长的任期，股权激励本身就具有通过建立利益共同体来保持人员稳定的功能。二者的有效结合能够推动企业业绩的提升，

Allen（1981）的一项研究也通过实证检验证明了享有股权激励的高管在企业中的任期更长。

高管在企业中的任期会对他们在企业经营活动中的需求产生影响。任期长的高管更为重视自身的名誉与声望地位，重视自我价值的实现，而这些多是建立在企业良好发展的基础上的，高管的成就与作为需要通过企业的可持续发展来证明。由此，他们对于企业的长期发展会更为重视，在做战略决策时更乐于从企业长远利益出发考虑。所以，对于将自身利益与企业利益联系在一起的股权激励的接受度更强，随之股权激励所起到的激励作用也相对更多一些，对于企业绩效也有积极的影响。

除此之外，本书中有关高管任期的讨论分析更主要的是借助 Hambrick 教授于 2010 年提出的一个观点，即激励管理会放大高管团队的影响作用。简单地说，如果激励是鼓励有利于企业绩效提升的高管团队采取更为大胆的行为，那么对于公司业绩的提高有正面意义，但是如果是激励了不利于企业绩效提升的高管团队行事，那么就会对企业绩效不利。内在的理论逻辑是，激励管理的设计目的与出发点是鼓励特定的行为，比如说高管团队与企业共同承担风险，高管促进企业的可持续与长期发展等，高管团队的能力与经营理念对于企业绩效的影响，会因为管理激励的实施而产生更大的效用。借助此观点，高管任期与股权激励对于企业绩效的交互作用分析的焦点，直接落在任期本身对于高管团队的能力与理念有何影响及其对企业绩效的效用上了，股权激励只是放大和强化了这种效用。

首先，我们来分析任期较短的高管团队可能具有的管理理念与能力特点，以及与企业绩效的关系。任期较短的高管团队在思维的开放型程度、信息来源的多样化程度与丰富程度、高管团队的学习能力，以及战略变革的反应能力方面，相对而言都较好一些。高管人员在新进入一个团体，或者高管团队在负责一项新任务的时候，往往对于工作目的非常重视，对工作赋予较大的兴趣与努力，注意从多方面收集相关的信息，努力掌握与企业内外环境及资源等相关的知识，能够根据企业经验环境的变化与要求，及时作出战略与产品服务的调整变革。尤其是当外部环境处于动荡时期时，任期较短的高管对企业的绩效一般都具有积极的正向作用。

其次，我们来分析任期较长的高管团队所可能具有管理理念与能力特点及其与企业绩效的关系。主要有三点：第一，任期较长的高管团队的凝聚力相对而言会高一些，在有的研究中，企业中高管团队的平均任期还被当作团队凝聚力的替代变量（e. g. 贺远琼，2010）。那么从团队凝聚力角度分析，高管平均任期与企业绩效存在正相关关系，因为凝聚力高的高管团队对企业绩效有积极影响（Katz，1982；Ensley，Pearson & Amason，2002）。这主要有以下几方面原因：首先，凝聚力高的团队成员之间感情较好，团队整体稳定，离职率低；其次，凝聚力高的团队成员之间信息共享和沟通做得比较好，对于企业所面临环境、所处行业动态、内外部资源情况可以有较为准确的信息掌握与认知。而且，工作合作效率高，冲突较少，能够较为准确有效地分析企业内外形势与资源，提高决策速度与准确性，避免作出错误的战略决策（Sutcliffe，2002）。

第二，任期长的高管团队，在企业管理方面学习时间较长，经验积累较多，尤其是关于企业及其所处环境的特定经验与知识。同时，在从事管理实践的过程中，其内在能力也逐步得到提升，在关系网络与资源方面也占有一定优势，这些对企业绩效都有积极作用（Bergh，2001）。除此之外，从管理实践上分析也是同样的道理，因为对于效益导向的企业来说，绩效考核达不到要求的高层管理者会被组织淘汰，而能够留任的高管人员的管理能力一般也是比较强的。所以，在某种意义上而言，高管任期长本身就是绩效好的标志，高管任期与企业绩效之间存在正相关关系（Simsek，2007）。

第三，任期较长的高管团队，在处理问题方面容易变得因循守旧，故步自封，以往的成功经验逐步变为当前的绊脚石。不难理解，随着任期的增长，伴随高管团队管理经验积累与沉淀的同时，还有一个风险是其管理方法逐渐变得模式化、定型化，信息来源变得单调贫乏，思考问题的角度也因受到之前经验的影响而变得狭窄片面，管理思维的陈旧使其无法适应快速变化的市场环境，或者说适应能力滞后。这些都会影响到企业正确管理决策的及时有效制定，对企业发展与企业绩效产生不利影响。除此之外，由于任期延长，高管对企业的影响也会变得更大，而且会越来越重视维护现有战略的稳定，这种因循守旧会阻碍企业自身的组织变革与战略调整，对产品市场和管理的创新关注度较少，使得企业与发展环境的匹配度日趋下降（Meyer，1975；曹志来、钱勇，2008）。

也就是说，根据对任期长短所导致的人员心理状态与行为方式的改变，以及团队成员之间合作关系与效应来分析，高管团队的任期长短与企业绩效之间的关系存在以下两种可能的形式：其一，具有一个阶段性特点，不是完全的直线关系，如有的学者提出高管团队任期与企业绩效之间的关系呈倒"U"形（Katz, 1982），即在高管团队任期由短到长的过程中，团队会经历一个从融合期到革新期，再到稳定期的过程。从最开始因团队成员彼此的磨合而导致团队效率不高的融合期，走向信息充分分享，观念有效碰撞，团队效率得到提升的革新期，最后再走向稳定期。而在稳定期，高管团队又有两方面特点，一种是有助于企业绩效提升的凝聚力增强；另一种是由于彼此之间交流减弱、惯例依赖性的增强，以及创新能力的下降，导致团队绩效又会有所降低。那么就是说，高管任期与企业绩效之间存在一个倒"U"形关系，或者是正向线性关系，但目前国内尚未有学者来做实证研究对此进行检验；其二，直接对线性关系进行的分析也存在两种情况：一种情况是高管任期越长，对于企业发展环境、内部状况、竞争优势等的了解越深刻，相关经验也越多，团队成员之间的合作较为成熟和顺利，沟通成本较低，冲突所带来的负向作用也较少，所以与企业绩效之间形成积极的正向相关关系；另外一种情况是，高管任期越长，行为方式越保守，已有经验导致在面对问题时容易产生思维惯性，因循守旧会对外界环境的变化不甚敏感，对于竞争的应对反应也较缓慢，这都会影响企业绩效的进一步提升。所以，综合考虑高管团队任期长短所具有的高管理念与行为特点，以及在股权激励放大作用下对企业绩效的影响，本书首先针对高层管理人员任期长短与企业绩效之间的关系提出假设如下：

假设3：高管任期长短与企业绩效之间存在倒"U"形关系。

其次，本研究在对高管任期长短与高管持股对企业绩效的影响作用上提出双向假设：

假设4a：高管任期长短与持股比例的交互作用在对企业绩效的影响中存在正向调节作用，即高管任期越长，高管持股比例越高的企业绩效越好；持股比例越高，高管任期越长的企业绩效越好。

假设4b：高管任期长短与持股比例的交互作用在对企业绩效的影响中存在负向调节作用，即高管任期越长，高管持股比例越高的企业绩效越差；持股比例越高，高管任期越长的企业绩效越差。

（二）高管任期异质性与股权激励对企业绩效的交互影响

高管团队任期异质性的讨论，多是基于企业所面临的外部环境的发展状况，高管所需解决的问题的性质来分析，综合表现为环境的稳定性问题。一般认为，高管任期异质性越高的团队，越可以在较为复杂的、变动性大的不稳定环境中产生较好的绩效。在面对复杂的问题时，也可以提出问题解决的多种思考维度与多样化观点；而高管任期异质性低的团队，较为适合稳定的环境，在解决常规问题时的效率较高。

由此，在分析这个问题时，要结合我国经济发展现状来考虑，我国经济整体形势与经济主体各企业都处于高速发展时期，快速变化的经济环境与市场机遇需要企业高管团队及时发现市场变化的讯号，并根据本企业实际情况快速分析应对、作出合适的策略调整。在这一过程中，任期异质性的团队能够有效发挥其社会经验与企业经验的多样化优势，有助于形成正确的决策（Dutton & Duncan, 1987; Smith, Simth, Olian & Sims, 1994; 张平, 2006）。结合前文所讨论的股权激励对于高管团队影响的放大效用，本书提出如下假设：

假设5：高管任期异质性与持股比例的交互作用在对企业绩效的影响中存在正向调节作用，即高管任期异质性越高，高管持股比例越高的企业绩效越好；持股比例越高，高管任期异质性越高的企业绩效越好。

综上，本研究理论模型与相关研究假设如图3-1、表3-2所示：

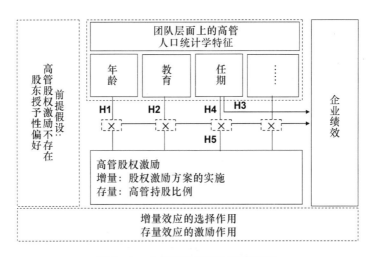

图3-1 本书理论模型与研究假设

表 3 - 2 　　　　　　　　　　　　**本书主要研究假设**

关于高管年龄与高管持股对企业绩效的交互影响	假设1：高管年龄与持股比例的交互作用在对企业绩效的影响中存在负向调节作用，即高管年龄越大，高管持股比例越高的企业绩效越差；持股比例越高，高管年龄越大的企业绩效越差。
关于高管教育与高管持股对企业绩效的交互影响	假设2：高管教育与持股比例的交互作用在对企业绩效的影响中存在正向调节作用，即高管教育水平越高，高管持股比例越高的企业绩效越好；持股比例越高，高管教育水平越高的企业绩效越好。
关于高管任期长短与高管持股对企业绩效的交互影响	假设3：高管任期长短与企业绩效之间存在倒"U"形关系； 假设4a：高管任期长短与持股比例的交互作用在对企业绩效的影响中存在正向调节作用，即高管任期越长，高管持股比例越高的企业绩效越好；持股比例越高，高管任期越长的企业绩效越好； 假设4b：高管任期长短与持股比例的交互作用在对企业绩效的影响中存在负向调节作用，即高管任期越长，高管持股比例越高的企业绩效越差；持股比例越高，高管任期越长的企业绩效越差。
关于高管任期异质性与高管持股对企业绩效的交互影响	假设5：高管任期异质性与持股比例的交互作用在对企业绩效的影响中存在正向调节作用，即高管任期异质性越高，高管持股比例越高的企业绩效越好；持股比例越高，高管任期异质性越高的企业绩效越好。

第四章 测量与方法

第一节 样本与数据

为了检验理论部分所提出的若干假设，本研究以我国上市公司为样本做实证检验，所研究的时间段放在 2000—2010 年。

本次研究进行了跨年度样本的研究与资料收集，有四方面考虑：第一，选择面板数据能够结合截面数据和时间序列数据的特征，从时间上和截面上反映研究对象的特点。第二，可以降低只研究单一年份所带来的宏观经济干扰，尤其是 2008 年世界经济历经金融危机的洗礼，我国企业也难免受到影响，所以选择面板数据而不是截面数据进行研究，就更加具有必要性。第三，这是考虑我国经营者股权激励实施独有特点的必要做法，我国上市公司股权激励起步较晚，从 20 世纪 90 年代才逐渐开始尝试实行，其中对于经营者的股票激励在来源方式与实施规则上都经历了一个逐步规范和改进的过程。比如最早的经营者持股实现方式是内部职工股，福利色彩远远大于激励效应，因其在实践中存在巨大缺陷，于 1998 年 11 月 25 日被中国证监会发文即日叫停；[①] 而接下来的一个发展时段是 1999—2004 年，这期间的高管持股来源必须是经营者用现金从二级市场上购买，不存在库存股一说；直到 2005 年，企业高管股权激励实施发生了巨大的制度变化，2005 年 5 月中国证监会《关于上市公司股权分置改革试点有关问题的通知》的颁布，标志着我国资本市场股权分置改革的正式开始；继而在 2005 年 8 月，在由中国证监会等五部委联合发布的《关于上市公司股权分置改革的指导意见》的推动下，中国企业股改开始大规模进行，上市公司针对企业高级管理层的

---

① 指证监会 1998 年 11 月 25 日颁发的《关于停止发行公司职工股的通知》。

股权激励才真正开始得到发展。所以，采用面板数据分析使得样本能更好、更全面地反映研究对象的实际情况。第四，选取十多年的样本进行研究，也是考虑到我国上市公司信息数据公开制度相对而言尚不完善，相关资料存在不少缺失的客观情况。而且，本书研究需同时关注高管人口统计学特征与股权激励实施这两方面，所以客观翔实信息的获取就更加不易，因此希望通过时间段的增长来增加样本量，尽可能减少因样本量过小而带来的误差。

同时，为了尽可能保证数据的有效性与一致性，本研究在样本的选择上采取了一些筛选方法，以免研究结果受到异常样本和条件不符合样本的干扰。具体筛选内容为：（1）为了避免 B 股、H 股和 N 股之间的制度规则差异，本书只保留了 A 股上市公司为研究对象；（2）剔除了经营出现问题的 ST 公司和 PT 公司；（3）剔除了相关数据与信息资料不齐全的公司；（4）剔除了保险金融类行业的上市公司，因其财会方面与普通公司有差别，会影响到整体数据的一致性与可靠性。

本书研究数据主要出自两个独立数据库：国泰安（GTA）经济数据库与万得（Wind）资讯数据库，并经过笔者核对与大量的手工整理而得来。相关研究内容的基本来源分别为：高管人口统计学特征数据出自国泰安上市公司治理结构数据库中的高管动态部分；股权激励的高管持股比例数据来自国泰安经济库中的股本结构与高管持股部分；公司绩效数据是将国泰安 CSMAR（中国股票市场交易数据库）中的财务指标数据库与万得资讯数据库中的信息进行核对后得来；公司基本情况与治理结构等信息来源于国泰安上市公司研究数据库。

由此，从深沪两市上市 A 股 2136 家企业 2000—2010 年的资料中，本研究最终得到 4953 个有效样本进入统计分析过程。有效样本在一些基本特征上的分布情况如表 4-1 所示：

表 4-1　　　　　　　　有效企业样本的特征分布

年份	数目	分布	年份	数目	分布
2000	71	1.43%	2006	576	11.63%
2001	44	0.89%	2007	599	12.09%
2002	28	0.57%	2008	725	14.64%

续表

年份	数目	分布	年份	数目	分布
2003	1005	20.29%	2009	767	15.49%
2004	582	11.75%	2010	41	0.83%
2005	515	10.40%			

行业①	数目	分布	行业	数目	分布
机械、设备、仪表	748	15.10%	社会服务业	163	3.29%
石油、化学、塑胶、塑料	550	11.10%	纺织、服装、皮毛	151	3.05%
金属、非金属	437	8.82%	综合类	144	2.91%
房地产业	362	7.31%	采掘业	139	2.81%
批发和零售贸易	333	6.72%	建筑业	108	2.18%
信息技术业	322	6.50%	农、林、牧、渔业	108	2.18%
医药、生物制品	303	6.12%	造纸、印刷	78	1.57%
电子	244	4.93%	其他制造业	37	0.75%
交通运输、仓储业	238	4.81%	传播与文化产业	25	0.50%
食品、饮料	226	4.56%	木材、家具	13	0.26%
电力、煤气及水的生产和供应业	224	4.52%	高管持股比例	数目	分布

年份	实施股权激励		没有实施股权激励		0%	3549	71.65%
	数目	分布	数目	分布	0%—1%	1108	22.37%
2005	2	0.39%	513	99.61%	1%—3%	53	1.07%
2006	3	0.52%	573	99.48%	3%—5%	30	0.61%
2007	2	0.33%	597	99.67%	5%—10%	51	1.03%
2008	36	4.97%	689	95.03%	10%—30%	88	1.78%
2009	13	1.69%	754	98.31%	30%—50%	37	0.75%
2010	2	4.88%	39	95.12%	50%及以上	37	0.75%

高管平均年龄	数目	分布	国有股比例	数目	分布
30岁及以下	8	0.16%	5%及以下	1880	37.96%
30—40岁	514	10.38%	5%—30%	780	15.75%
40—50岁	3985	80.46%	30%—50%	1009	20.37%
50—60岁	433	8.74%	50%及以上	1284	25.92%

---

① 本研究中的行业类别，是依据证监会的企业行业类别而划分。

续表

60 岁及以上	13	0.26%	独立董事比例	数目	分布
高管平均教育水平	数目	分布	10% 及以下	142	2.87%
中专及其以下	85	1.72%	10%—30%	426	8.60%
大专	1579	31.88%	30%—50%	4341	87.64%
本科	2900	58.55%	50% 及以上	44	0.89%
研究生	389	7.85%	股权集中度	数目	分布
高管平均任期	数目	分布	10% 及其以下	1170	23.62%
1 年及以下	1638	33.07%	10%—30%	2650	53.50%
1—2 年	1728	34.89%	30%—50%	978	19.75%
2—3 年	1432	28.91%	50% 及以上	155	3.13%
3—4 年	95	1.92%	两职合一	数目	分布
4 年及以上	11	1.21%	兼任	801	16.17%
员工人数	数目	分布	不兼任	4152	83.83%
100 人及以下	165	3.33%	高管团队人数	数目	分布
100—500 人	612	12.36%	5 人及以下	1929	38.95%
500—1000 人	804	16.23%	5—10 人	2289	46.21%
1000—5000 人	2428	49.02%	10—20 人	684	13.81%
5000 人及其以上	944	19.06%	20 人及以上	51	1.03%

由上表可以看出，从年份分布上，2000 年到 2010 年期间均有研究样本，其中所占比例最高的是 2003 年，共 1005 家企业，占 20.29%，所占比例最低的是 2002 年的 0.57%，共 28 家，其他各年份分别为 2000 年 71 家，占比 1.43%，2001 年 44 家，占比 0.89%，2004 年 582 家，占比 11.75%，2005 年 515 家，占比 10.40%，2006 年 576 家，占比 11.63%，2007 年 599 家，占比 12.09%，2008 年 725 家，占比 14.64%，2009 年 767 家，占比 15.49%，2010 年 41 家，占比 0.83%。

从行业分布上来看，所研究样本包含了上市公司除去金融保险之外的所有行业的企业，共有 21 种类别。其中机械、设备、仪表行业的企业样本最多，是 748 家，所占比例 15.10%，其他占比 10% 以上的行业只有石油、化学、塑胶、塑料行业共 550 家，占比 11.10%，其他行业按所占比例大小依次为：金属、非金属行业共 437 家，占比 8.82%，房地产业共 362 家，占比 7.31%，批发和零售贸易行业共 333 家，占比 6.72%，信息技术业共 322 家，占比 6.50%，医药、生物制品行业有 303 家，占比 6.12%，电子行业有 244 家，占比 4.93%，交通运输、仓储业共 238 家，占比 4.81%，食品、饮料行业有 226 家，占比 4.56%，电力、煤气及水的生产和供应业有 224 家，占比 4.52%，社会服务业共 163 家，占比 3.29%，纺织、服装、皮毛行业有 151 家，占比 3.05%，综合类共 144 家，占比 2.91%，采掘业包含 139 家，占比 2.81%，建筑业有 108 家，占比 2.18%，农、林、牧、渔业共 108 家，占比 2.18%，造纸、印刷行业有 78 家，占比 1.57%，其他制造业共有 37 家，占比为 0.75%，传播与文化产业有 25 家，所占比例为 0.50%，最后是木材、家具行业，样本企业有 13 家，所占比例为 0.26%。

高管股权激励的相关内容从两方面来看，首先，在股权激励方案的实施方面：实施了股权激励方案的企业样本是从 2005 年开始的，2005 年实施企业有 2 家，占比 0.39%，没有实施的样本企业为 513 家，占比 99.61%，2006 年实施的样本企业为 3 家，占比 0.52%，没有实施的企业数为 573 家，占比 99.48%，2007 年实施的样本企业为 2 家，占比 0.33%，没有实施的企业数为 597 家，占比 99.67%，2008 年实施的样本企业为 36 家，占比 4.97%，没有实施的企业数为 689 家，占比 95.03%，2009 年实施的样本企业为 13 家，占比 1.69%，没有实施的企业数为 754 家，占比 98.31%，2010 年实施的样本企业为 2 家，占比 4.88%，没有实施的企业数为 39 家，占比 95.12%；其次，从高管持股比例上来看，样本企业中高管"零持股"的比例高达 71.65%，共 3549 家，高管持股比例处于 0%—1% 的，有 1108 家，所占比例为 22.37%，持股比例为 1%—3% 之间的有 53 家，占比 1.07%，高管持股 3%—5% 的样本企业是 30 家，所占比例是 0.61%，高管持股在 5%—10% 的共 51 家，占比 1.03%，还有 88 家样本企业的高管持股比例处于 10%—30%，所占比例为 1.78%，除此之外，高管持股比例落于 30%—50% 内和 50% 及以上范围中的样本企业都为 37 家，所占比例同是 0.75%。总的来看，样本企业高管股权激励的实施情况与我国现实情况中的"零持股"现象严重（魏刚，2000）、高管持股比例偏低等实际情形是一致的。

在高管年龄、教育水平以及任期等人口统计学特征上，样本企业具有如下特点：高管团队平均年龄分布在 30 岁及以下的样本企业数有 8 家，占总体样本数的 0.16%，在 30 岁到 40 岁之间的样本企业数有 514 家，占比为 10.38%，所占比例最高的是高管平均年龄为 40 岁到 50 岁这个区间，共有 3985 家企业，高达 80.46% 的样本企业位于这个范围内，50 岁到 60 岁之间的企业样本有 433 家，占比 8.74%，仅有 0.26% 的企业高管团队平均年龄在 60 岁以上。由此可见样本企业的管理中坚力量多集中在 40 岁至 50 岁之间，整体分布较符合我国企业的实际状况。在高管教育水平上，所占比例最多的是本科水平，共有 2900 家企业落于这个区间，所占比例高达 58.55%，大专水平随之占据第二位，共有 1579 家企业，占比 31.88%，接下来是研究生水平，共 389 家，占比 7.85%，中专及其以下的相对最少，共 85 家，所占比例为 1.72%。在高管平均任期方面，有 33.07% 的企业样本的高管团队任期为一年或一年以下，共 1638 家，任期处于一年到两年之间的有 1728 家，占据 34.89% 的比例，任期处于两年到三年的样本企业有 1432 家，占比 28.91%，处于三年至四年之间的共 95 家，占比 1.92%，另外还有 11 家企业任期为四年和四年以上，所占比例为 1.21%。

样本企业在股权结构上的特征由国有股比例和股权集中度的情况可见一斑。从国有股比例分布情况来看，所占比例为 50% 及以上的有 25.92%，说明国有股在我国企业中还是具有较大的影响力的，国有股比例处于 30%—50% 的有 1009 家样本企业，占据 20.37% 的比例，5%—30% 的占 15.75%，共有 780 家，最后还有 1880 家企业国有股比例为 5% 或不足 5%。样本整体分布情况，基本上涵盖了不同股份结构的企业。此外，在股权集中度上，处于 10% 及其以下区间的样本企业数为 1170 家，所占比例 23.62%，占比最高的是股权集中度为 10%—30% 的企业，共有 2650 家，占比 53.50%，处于 30%—50% 的样本数有 978 家，所占比例 19.75%，最后还有 3.13% 的企业股权集中度高达 50% 及以上，共 155 家。

从董事长和总经理是否兼任，以及独立董事在董事会中所占比例这两个角度来看样本企业的治理结构特征分布情况，主要表现为：首先在两职合一上，在 83.83% 的样本企业中，董事长和总经理不是同一个人来担任，共 4152 家，只有 801 家的样本企业存在两职合一的情况，所占比例为 16.17%。在独立董事所占比例方面，所占比例最高的样本企业的独立董事比例分布在 30%—50%，共有 4341 家占比 87.64%，其余样本中，有 8.60% 的样本企业的独立董事比例在 10%—30% 的区间内，共 426 家，独立董事比例在 10% 及以下，与 50% 及以上的样本企业较少，分别为 142 家和 44 家，所占比例对应为 2.87% 和 0.89%。

此外，还有样本企业的其他一些基本特征：在企业规模上，100 人及其以下的样本企业占 3.33%，共 165 家，员工人数在 100 人到 500 人之间的是 612 家，占比 12.36%，有 500 人到 1000 人的共 804 家，所占比例为 16.23%，样本企业最多的是 1000 人到 5000 人，共 2428 家，占比高达 49.02%，除此之外还有 944 家企业的员工人数为 5000 人及其以上，占比 19.06%；从高管团队人数上来看，5 人及其以下的企业有 1929 家，所占比例 38.95%，在样本分布中所占比例最高的是 5 人到 10 人的企业，共 2289 家，所占比例高达 46.21%，高管团队人数位于 10 人至 20 人之间的有 684 家，占比 13.81%，另有少数企业高管人数在 20 人及以上，共 51 家占比 1.03%。

综上可见，本研究所获得的分析样本基本上是覆盖了各年份主要行业的各类型企业，数据信息的全面性与广泛性有助于保证本研究得到客观、准确的统计分析结果。

第二节　变量与测量

一　自变量

本研究的自变量包括高管人口统计学特征与股权激励两个方面。其中，高管人口统计学特征包括高管年龄、教育水平、高管任期长短与任期异质性；股权激励主要指高管持股比例。

（一）高管特征

本研究中的高管团队成员，是指公司年报中披露信息的高管团队成员，包括总经理（CEO）、总裁、副总经理、副总裁、董秘和年报上公布的其他管理人员（包括董事中兼任的高管人员）。所衡量变量都是团队层面上的特征值，其中年龄、教育水平以及任期属于高管团队单项指标的测量，已有研究中的处理方法多是将团队成员个人情况加总之后除以团队成员人数，得到平均值（e. g. Carlsson & Karlsson, 1970；Hambrick & Mason，1984；Bantel & Jackson，1993；Tihanyi & Ellstrand，2000；Patzelt & Nikolw，2008；刘运国，2007；贺远琼，2010）。在得到平均值后进入分析的过程中，有的研究是直接将数值看作连续变量进入统计分析（e.g. 刘运国，2007；吴剑峰、胡晓敏，2010）；另外有些研究是在此基础上，根据所得数值划分为不同阶段，作为类别变量进入统计分析（e.g. 王瑛、官建成和马宁，2003；徐经长，2010；贺远琼，2010）。这两种方法都得到了实证支撑，学者们主要根据各自的研究目的而选用。

　　而任期异质性属于团队异质性的衡量。在关于团队异质性的测量方面，现有研究中主要有三种方法：第一，计算变量值的标准差（e. g. Hambrick，Cho & Chen，1996）；第二，使用标准差系数（coefficient of variation）来测量，即用所得标准差除以均值后得到的数值。作为一个比例恒定的测量指标，标准差系数在测量连续数据时要优于标准差（standard deviation）和方差值（Variation）（Allison，1978），在不少研究中得到使用（e. g. Blau，1977；Bantel & Jackson，1989；Michael & Hambrick，1991；Bantel，1993；Boeker，1997；Richard & Shelor，2002）；第三种测量方法是1977年由学者 Blau 提出的测量方法，又被称为何梵德—赫希曼（Herfindal-Hirschman）系数，也被学者们在相关研究中广泛采用（e. g. Carpenter，2002；Lyon & Ferrier，2002；Michie，Dooley & Fryxell，2002；魏立群、王智慧，2002；欧阳慧、曾德明和张运生，2003），但这种测量方法较为适用于教育类型、职业经验类型等类别变量异质性的测量（张平，2006）。

　　在本研究中，高管年龄、教育水平以及任期值均采用团队成员个体情况加总求均值的方法来获得。具体处理方法为：年龄为高管团队各个体的年龄求平均值；教育水平首先根据高管个体情况划分为五个类型，并对应计分为：中专及以下（1分）、大专（2分）、本科（3分）、硕士研究生（4分）、博士研究生（5分），然后转换为连续变量进入分析；高管任期是以高管任职开始到当年任职结束之间的月份数来衡量。需要说明的是，本研究中高管任期的具体统计具有以下几方面特点：第一，任期是指高管成员加入高管团队的任期，而不是进入组织的任期；第二，此处的任期指的是至所研究年份为止高管成员在团队内的实际任期，而不是理论上的任职到期期限，或预期任期（企业原始数据一般显示的是高管任职结束的将来时间）；第三，当高管加入团队同时担任不同职位，且任职日期不同时，本次研究中以最早任职的那个日期为准进行分析，也即呼应了第一个条件，即是以进入团队的日期来处理。由此，在求得高管成员各自任期的基础上，加总求和后除以高管团队人数得到任期平均值后进入分析；任期异质性则是在求得个人数值的基础上，采用标准差系数的方法来计算。

（二）股权激励

我国股权激励的研究多是以经营者持股占公司总股数的比例来考察持股激励强度（魏刚，2000；刘国亮，2000；吴剑峰，2010）。同以往研究一样，本书也使用高管持股比例作为持股变量，计算方法为上市公司年度股本结构信息中所提供的高管持股数量除以总股本数。在此需要说明的是，由于研究对象是整个高管团队，所以使用的是不重复的高管持股数量，比如说若某位高管同时兼任两个进入研究分析的高层管理职位，其持有股份在统计中仅计入一次，不会重复计算两次，以保证研究数据的有效性。

二 因变量——企业绩效

（一）企业绩效指标的选用

本书主要研究高管对于企业绩效的影响，所以因变量为企业绩效。只有企业绩效评价指标实现了合理选用，才能切实衡量高层管理者对于企业绩效的实际价值贡献，也直接影响着实践活动中企业股权激励等管理措施的有效性。在这一重要命题上，无论是在管理实践活动中，还是学者们的研究过程中，对于企业绩效指标的衡量还尚未有统一定论，整体而言主要存在两种衡量指标的选择基础，一种是会计业绩基础，偏重于从公司会计系统出发，根据会计原则来评价和衡量公司经营状况，主要指标比如有净利润、剩余收益、总资产回报率以及每股收益等；另一种是以市场业绩为基础的计量，该方法盛行于公司资产证券化之后，企业开始强调市场导向的业绩表现，偏向于借助证券市场的价格机制来评价和衡量公司的绩效表现，常用指标比如有股票价值、股价增长额与增长率以及市净率等。

实践中的企业绩效指标选择在某种程度上与企业所处资本主义市场的完善程度有关。在美国，市场业绩基础一直是高管激励所偏爱的绩效指标体系建立的出发点，1999 年 Murphy 研究了韬睿咨询公司（Towers Perrin）19 世纪六七十年代的一项调查数据，分析了其中 177 家美国上市公司的年度奖励计划资料，发现有高达 91% 的企业奖励方案明确表明该公司的绩效衡量至少包含一种会计利润的测量指标，仅有 38% 的公司在评价体系中只采用一种衡量方法，共有 37% 的公司采用会计利润的衡量方法。1998 年，Kaplan 对日本、美国和德国的大型公司展开研究，企业数分别为 119 家、146 家和 42 家，据其研究数据显示，这三个国家中的企业高管收入与公司会计收益及股票收益的相关性都非常显著。而在我国，由于受市场经济发展程度的制约，企业管理的绩效衡量一直是以会计指标为主，但近年来随着证券市场的发展，市场反应的衡量也日益受到人们的重视，少数上市公司也开始在其企业绩效考核指标中考虑公司股价的变化。本研究综合整理了国内外学者已有研究中经常使用的企业绩效衡量指标，如下表 4 -2 所示：

表4 - 2　　　　　　　　　企业绩效衡量指标的选择

企业绩效衡量指标	代表性研究
净利润总额	Lewellen & Huntsman，1970； Ciscel & Carroll，1980
净资产收益率（ROE）	Miller. 1991； Cohen & Bailey 1997； 魏刚，2000； 李增泉，2000
	魏刚、于东智和谷立日，2001
	谌新民、刘善敏，2003
总资产收益率（ROA）	Antle & Smith，1986
	吴淑锟，2002
	张正堂，2008
每股收益（EPS）	Kerr & Bettis，1987； Murphy，1993； 张俊瑞等，2003； 陈勇等，2005

续表

企业绩效衡量指标	代表性研究
经济增加值（EVA）	聂丽洁、王俊梅和王玲，2004
	张平，2006
托宾 Q 值	McConnell & Servaes, 1990； Cho, 1998； Frye, 2004； 黄之骏和王华，2006
净资产收益率（ROE）和每股收益（EPS）	杨瑞龙，1997
	高明华，2001
	宋增基和张宗益，2002
总资产收益率（ROA）和每股收益（EPS）	林俊清等，2003
	罗宏和黄文华，2008； 吴剑峰，2010
总资产收益率（ROA）和净资产收益率（ROE）	Wei. , Wang, Young, 2003； 李世辉和雷新途，2008
总资产收益率（ROA）、净资产收益率（ROE）和每股收益（EPS）	夏纪军和张晏，2008
净资产收益率（ROE）和托宾 Q 值	张宗益和宋增基，2002
托宾 Q 值和累计超额报酬率（CAR）	胡勤勤和沈艺锋，2002
净资产收益率（ROE）、每股收益（EPS）和托宾 Q 值	胡铭，2003
净资产收益率（ROE）、主营业务收益率	于东智，2003
净资产收益率（ROE）、经济增加值（EVA）和累计超额回报率（CAR）	于东智，2004
托宾 Q 值和市净率（P/B）	白重恩等，2005
总资产报酬率（ROA）、每股收益（EPS）和市净率（P/B）	周绍妮，2009

基于上表可以看出，针对我国企业研究的绩效指标选取也日益走向多指标衡量，这是因为无论是市场基础指标还是会计基础指标，从单方面进行考察都存在一定程度的缺陷。要想准确考察高管人员与经营绩效之间的关系，研究中就需主要分析高管人员可以控制和影响的活动对于经营效果的影响，企业绩效的衡量需与高管的努力水平密切相关。也就

是说，如果业绩指标的测量中包含了太多的高管不可控因素，那么这个指标的噪音就太大了，用来衡量高管的绩效表现就存在失真和不公允性。所以，在评价经营者的业绩时必须基于其可控制的活动。从这个角度上来看，支持会计基础的衡量指标选择的学者往往认为，市场业绩的指标容易受到经济宏观形势、政策因素所导致的市场变化的影响，而这些不在高管控制范围内，所以不能够准确反映高管的努力水平；而支持市场为基础的指标的学者是从可控性方面进一步分析的，他们认为会计指标容易受到高管的人为操纵，存在高管人员利用委托代理之间的信息不对称性问题，通过调整会计政策、控制费用支出等手段来影响财务数据的可能性，容易出现短期绩效效应，反而不利于企业的长远发展，而市场为基础的指标就不存在这方面的问题。

由此，不少学者开始尝试用多个指标的综合考虑来衡量企业绩效，他们认为多个指标结合在一起使用能够对不同角度的企业绩效衡量实现互补（陈震、张鸣，2008）。随着我国市场规范化的发展，我国学者也逐步尝试将市场指标添加到研究中，这也正符合 Murphy（1999）和 Bushman（2001）所提出的：市场基础的业绩逐渐开始有着比会计基础业绩更重要的影响，Bushlllan（2001）还提出了一个综合型业绩评价理论模型，将会计基础和市场基础同时考虑进来。这个理论模型的基本原则在于两点：第一，选择最能及时有效反映管理者绩效行为的指标，或者让该指标在评价体系设计中占有较大的权重；第二，尽量避免计量困难、成本较高、噪音较多的指标，或者减少其在评价体系设计中的所占权重。

基于对已有研究的学习与分析，本研究在将会计基础指标和市场基础指标结合起来考虑的基础上，对于企业绩效的衡量将选取以下三个指标，即总资产回报率（ROA）、每股收益（EPS）以及市净率（P/B）。其中，总资产回报率（Return On Total Assets，ROA）是指企业在一定时期内，所获得的报酬总额与资产平均总额的比率，能够通过评价企业全部资产的总体获利能力，较好地反映企业的运营效益与盈利能力；每股收益（Earning Per Share，EPS）是指企业一定时期内税后利润与股本总数的比率，是测定企业股票投资价值的重要指标之一，综合反映了企业的市场获利能力；市净率（P/B）是每股股价与每股净资产的比率，反映了市场对于企业资产质量以及未来盈利能力的评价，往往被当作投资的风向指标，是市场角度所反映出的公司经营水平与被认可程度。由此，将总资产回报率（ROA）、每股收益（EPS）以及市净率（P/B）结合起来，可以较好地反映高管所影响的企业绩效，而且这三个指标都是比率形式，能够在一定程度上降低公司之间规模差别的影响。

（二）企业绩效指标的调整

由于本次以我国上市公司做实证检验，采用数据为2000—2010年，所以就存在一个行业影响与年度影响的干扰问题。

根据证监会的行业分类法，我国上市公司分布在农、林、牧、渔业；采掘业；其他制造业；电力、煤气及水的生产和供应业；建筑业；交通运输、仓储业；信息技术业；批发和零售贸易；金融、保险业；房地产业；社会服务业；传播与文化产业；综合类；电子；纺织、服装、皮毛；机械、设备、仪表；金属、非金属；木材、家具；食品、饮料；石油、化学、塑胶、塑料；医药、生物制品；造纸、印刷等22种行业之中。各行业在经营环境与经营业务方面存在差异，传统行业相对较为稳定，而新兴技术行业的波动性就可能略大。而且，我国国家政策对于企业的影响往往具有行业针对性，某一政策的出台可能引起某些行业市场表现的整体波动（张湛彬，2002）。由此，为了保证研究结果的可靠性与有效性，就必须要对行业差异作出处理。针对行业差异问题所造成的影响，代理理论曾提出一个重要的实证假设，指通过相对绩效的测量来减少干扰，即在设立高管激励方案的时候，要与同行业其他企业的平均业绩相关，剔除行业所面临的系统风险。管理实践活动中也确有此做法，学者Murphy于1999年进行了一项企业相对绩效评价使用的调查报告，其指出所调查对象在年度红利计划中使用了相对绩效评价的比例是：工业企业中占21%；金融企业为51%；公用事业企业是42%。已有研究中，国内也有学者对行业进行过调整（e. g. 肖星、王琨，2004；辛宇、陈工孟，2006；顾斌、周立烨，2007）。

另外，由于企业不同年度的绩效水平会受到宏观经济环境的影响，尤其是市场为基础的绩效指标受市场影响的反应会更大，所以为了提高2000—2010年间所研究样本的可比性，本研究需要调整不同年份之间的绩效差异。所以本书在进行数据分析时，对不同年度、不同行业的企业绩效值都做了中心化处理。具体方法是将各公司年度绩效指标减去各公司年度该指标的行业平均值，得到调整后的相对值进入具体分析，从而降低宏观经济与行业差异的影响。

此外，需要说明的是，在关于高管特征对企业绩效存在滞后影响的问题上，本次研究中所选择的企业绩效数据为当年年末的公告数据，并未像一些研究一样考虑推迟一段时间之后的企业绩效数据。这是因为在本研究中，考虑的高管特征对于企业绩效的影响的滞后效应不大，比如以任期为例来看，样本中高管平均任期的最小值都有 31 个月，同时，高管持股也是一种存量效应。所以本研究认为没有必要人为定一个推迟期来考虑。

三　控制变量

本书参照以往典型研究，对可能影响以上变量关系的其他重要因素在检验中进行控制，主要包括外部环境、股权结构、治理结构以及规模这四方面。

（一）外部环境：所处行业

环境对于高管行为与企业绩效之间的关系具有重要影响，而其中企业的所处行业就是一个重要因素，通常被作为控制变量。

1984 年 Hambrick 和 Mason 在提出高阶理论的时候，就已从理论上分析了不同环境对于高管特征与企业产出之间关系的不同影响，强调此类研究必须控制行业变量。学者们的后续实证研究也陆续证明了这一观点（Carpenter & Fredrickson，2001；Richard，2002；黄之骏，2006）。行业之所以具有差异，从不同行业企业的可观察特点上也可见一斑：首先从公司状况而言，不同行业的企业在其外部所面临的市场状况与产业结构、内部所具有的公司规模和管理结构上，都存在很大差异（Ely，1991；孙海法，2006）；其次从高管特征方面而言，不同行业的高管具有不同的特点，行业特征也是一个较重要的权变因素。比如银行业往往需要管理者有银行业背景。而且行业的成长也会对高管特征产生影响，比如说铁路行业成长较慢，所以该行业的高管更迭也相对较慢，导致铁路行业的高管多是内部提升，年龄一般比其他行业的高管要大，且任期也相对较长（Harris，1979）；最后，不同行业的高管持股情况也是不同的，存在显著的行业差异，实证研究也对不同行业的高管报酬设计差异进行了探讨和检验证明（Gibbons & Murphy, 1999; 魏刚, 2000; 樊炳清, 2002; 杜胜利, 2005; 俞兰平和周建龙, 2010)。

这些行业因素会对高管与企业产出之间关系的内在作用机理产生影响, 所以在研究分析时, 区分开不同行业的状况是得到具有说服力的研究结论的必要考虑。而在行业差别的具体数据使用上, 一般有三种方法: 大多数学者是为行业的差异设置虚拟变量 (e. g. Huselid, 1995; 徐经长, 2010); 另有一些学者是通过对行业竞争情况与动态性做主观评估来进行划分 (e. g. Delaney & Huselid, 1996; 张平, 2006); 除此之外, 还有一些学者是根据自己的研究情况, 采用替代指标来进行测量, 比如周禹 (2009) 是利用研究期间近三年的行业平均利润率对行业按照盈利水平作出排序, 将类别变量转化为连续变量以方便研究检验, 又比如 Sanders 和 Carpenter (1998) 是以研发强度来代替行业变量。

由于本研究的理论分析部分更偏向于行业竞争态势的影响, 所以参照学者张平 (2006) 的研究方法, 本研究采用专家评定法, 从行业竞争的激烈程度以及行业竞争变化的大小程度出发, 来划分样本中的行业种类。具体来说, 本书按照竞争程度将行业划分为竞争较为激烈与竞争相对不激烈两种类型, 采用虚拟变量分别予以赋值, 竞争激烈的行业为 1, 竞争不激烈的行业为 2。具体评定过程分为三个步骤: 第一, 确定评价因素, 本研究是参考 Halebian、Finkelstein (1993) 和 Keck (1997) 所提出的五大方面, 包括行业近三年竞争手段的变化、技术更新的程度、管理政策的变化、主要企业的变动程度, 以及行业整体的增长情况。从这五方面出发设计 Likert 五分量表, 程度从弱到强分别给予 1、2、3、4、5 五个赋值; 第二, 邀请本土 10 位业内资深管理咨询专家 (从业经验涉及电力、房地产、烟草、机械制造、传媒与服务、食品医药及金融等数十行业), 对样本行业的上述五方面表现作出评价; 第三, 在业内咨询专家评价的基础上, 邀请四位管理学者 (除了深厚的学术研究基础之外, 还均具有资深的管理实践经验) 对评价结果进行专家讨论, 最终对样本行业竞争激烈与否的划分结果如表 4 - 3 所示:

表4－3　　　　　　　　　　　　样本行业划分

竞争激烈的行业		竞争不激烈的行业
• 建筑业	• 房地产业	• 农、林、牧、渔业
• 电子	• 医药、生物制品	• 石油、化学、塑胶、塑料
• 交通运输、仓储业	• 社会服务业	• 采掘业
• 机械、设备、仪表	• 信息技术业	• 电力、煤气及水的生产和供应业
• 其他制造业	• 批发和零售贸易	• 金属、非金属
• 造纸、印刷	• 食品、饮料	• 综合类
• 木材、家具	• 纺织、服装、皮毛	
	• 传播与文化产业	

（二）股权结构：股权集中度与国有股比例

除了激励管理之外，高层管理者与企业绩效之间的关系还会受到监督与控制机制的影响，而这种监督与控制力量首先体现在企业的股权结构上。从这一角度出发，本书将股权集中度与国有股比例作为此次研究的控制变量。

从国际上来看，企业股权结构的影响集中通过企业持股比例的分布来体现，主要有两方面：首先，持股数的不同会影响到股东对企业经营的关注程度，从而影响到企业绩效。多位学者对此进行了研究（e.g. Morck, Shleifer & Vishny, 1988; McConnell & Servaes, 1990; Pedersen & Thomsen, 1999），主要提出两种观点：一种观点认为，在股权过于分散的公司中，小股东们对于企业经营者的监督管控在积极性与可行性上都不高，而监督力度不高会引发高管行为与企业利益的不一致风险，导致企业绩效无法实现最优（Berle & Means, 1932）；另外一种观点则认为，股权集中到大股东手里使其控制权增强，这种情况会提升大股东为了谋取个人利益而牺牲公司绩效的风险，对公司绩效造成损害。可以说，大股东的存在是一把双刃剑，大股东的持股比例应控制在一个合理范围之内。

其次，由于股权集中度本身对企业绩效有影响，那么对于以提升企业绩效为目的的高管股权激励，也具有一定的影响性，对此也有两种看法：一种观点认为，在股权集中的企业里，在相关利益的驱动下大股东对于企业管理者的监督积极性与力度也相对较多一些，如果大股东本身就能够有效地监督管控经营者，甚至直接参与管理，那么代理问题所引发的"信息不对称"的问题就有可能已然被解决，那么实施股权激励的意义就不大（孙永祥、黄祖辉，1999；Bushman & Smith，2003）。所以，存在大股东的企业对于高管股权激励的实施的积极性会差一些，大股东对企业监督管理的力度增强使得企业没有必要在激励方面再加大砝码；还有一种观点认为，股权集中下的大股东的监督与控制，会使得高管激励管理更有效率，更具有落实性，对此也有研究予以证实（e. g. Singh & Harianto，1989）。

我国在经济转轨与市场完善的过程中，上市公司股权结构独特性对于企业绩效的影响是众多学者关注的话题，其中关于股权集中度的研究也已大量开展：一些学者认为，由于我国属于新兴资本主义市场，企业股权越集中，大股东经营管理的监控动机与监控力度就越强，越能够弥补外部不规范市场的监督缺失，有利于企业绩效的提升（e. g. 许小年、王燕，1997）；另外一些学者在实证研究的基础上，提出股权分散化对企业经营绩效产生正效应的观点（e. g. 刘国亮、王加胜，2000；夏纪军、张晏，2008），他们认为在股权集中的公司，股权激励的效用会大打折扣，股权过于集中甚至会起到负面的激励效果；还有一些学者研究得出二者之间存在曲线关系的结论，如股权集中度与企业绩效之间存在倒"U"形关系（e. g. 孙永祥、黄祖辉，1999；吴淑馄，2002）。

除此之外，对于我国上市公司来说，股权性质也是一个不可忽视的影响因素。虽然自 2005 年我国开始进行股权分置改革之后，股权属性对企业管理活动的影响趋势逐渐减弱。但是从历史角度而言，股权属性，尤其是国有股存在所带来的影响还是不容忽视的，整体上国家还是拥有我国上市公司股权的很大一部分的，对于企业绩效有很大影响。对此有学者研究证明，我国上市公司中国有股比例会对企业高管团队与绩效之间的关系起到干扰作用（魏立群、王智慧，2002），我国企业的产权体制会影响高管团队对于企业绩效的作用（富萍萍等，2004），国有股份比例较高会影响高层管理团队特征与企业绩效的关系（魏立群、王智慧，2002）。

具体到管理者特征和股权激励与企业绩效的关系上，国有股也存在一定的影响。比如 George（2005）的研究指出，中国不同所有制企业的高层管理团队的特征与运作过程差异都较大，如高管的风险偏好；又比如徐经长（2010）的研究也指出，企业性质不同，会导致高层管理者特征与公司成长性关系的差异。国有控股企业人员因在年龄、教育背景以及任职经验等方面存在较强的约束，所以公司成长性与上述个人特征之间的关系都不显著，而民营企业是凭业绩说话，年龄与背景等高管特征相对更为多元化。还有学者的研究指出，由于国有企业高层管理者在薪酬之外，往往会有社会影响与前途晋升等考虑，企业内部的人事安排与薪酬管理会受到行政因素的影响，高管激励与企业绩效之间的关系变得更为复杂。如政治激励下的"不多拿钱"的心态，使得国有股比例与高管年度报酬之间呈负相关关系，高管也不倾向于拿公司股权（杜胜利，2005）。除此之外，还存在的一个问题是，国有控股企业中管理目标的市场化与大股东目标市场化改革的不同步性，会加剧大股东控制权与管理层激励的冲突。这也正如周绍妮（2009）所指出的，如果国有企业管理市场化改革的节奏跟不上发展目标市场化改革的步伐，那么对高层管理人员实施股权激励，会加大以市场化的职业经理人与未市场化的控股人之间的冲突与矛盾，导致负面结果，反而不利于企业绩效的提升。

综上，考虑到股权结构的影响作用，在本研究中将股权性质与股权集中度作为控制变量。股权性质衡量指标选取国有股所占比例（state percent），计算方法为国家股除以总股数，即上市公司股本构成中国有股的所占比重，该变量反映了国家与政府机构对上市公司的潜在影响。本研究中股权集中度的测量方法与多数实证研究一样，使用 Herfindahl 指数（也称 H 指数）来衡量，是指企业所有股东持股比例的平方和，H 指数与股权集中度成正比。具体来说，本研究选取一定时期内，以样本公司的前五位大股东持股比例计算得来的 H 指数，来衡量企业股权集中度。

（三）治理结构：两职合一与独立董事比例

对高层管理者与企业绩效之间的关系起到监督与控制作用的，除了股权结构之外，另一个重要影响机制是企业的治理结构。从这一角度出发，本书将董事长与总经理的兼任情况，以及独立董事所占比例这两项作为本研究的控制变量。

治理结构所起的作用，主要是通过对高管的决策力度与董事会的监督力度的影响来体现，而这种力度的不同又会影响到企业的绩效表现。具体到治理结构上来说，已有研究的细分方向主要包括董事长与总经理的兼任情况，以及董事会中的独立董事情况等方面。其中，兼任也称为两职合一（CEO Duality），是指企业的董事长与总经理是由同一人担任。当作为股东代表的董事长与作为经营者代表的总经理是同一个人的时候，有学者认为企业所有者与代理者之间的利益就越一致（Jensen & Mecking, 1976），同时也保证了董事会决策是在对企业情况有充分了解的基础上所作出的，能够提高决策的速度与有效性，从而有利于企业发展。但也有学者认为，由于两职合一会削弱董事会的独立性，而独立领导人的缺位不利于董事会监督职能的完成（Lipton & Lorsch, 1992），同时对企业高级管理层而言，两职合一也会限制其管理的创新性与冒险精神，所以会对企业绩效产生不利影响。进一步来说，两职合一还会干涉到高管股权激励的实施，比如牛建波（2004）研究提出，两职合一使得董事长对经营者团队的控制更为直接有力，所以为了降低代理成本，无须实施长期股权激励来刺激高管人员来努力工作。也就是说，两职合一的治理结构会降低企业高管股权激励实施的可能性与力度。

独立董事（independent director）是指董事会中独立于企业股东与管理层，并与二者皆无重要联系，可以对公司事务独立作出判断的成员。不少学者研究了独立董事对企业产出的影响（e. g. Tihanyi, Johnson & Hoskisson, 2003），多数人认为相对于内部董事而言，独立董事更关注自身在经理人市场上的声誉，在相关利益上的牵扯较少，所以能够更为客观和公正地对企业高级管理人员的行为进行外部监督，降低内部人控制的风险，有利于股东整体利益的维护；同时，从董事会成员结构上来看，独立董事的担任者一般偏向于某方面的专家人才。所以，独立董事个人的专业知识，以及独立董事加入后使得董事会整体成员多元化的增强，都会提高董事会信息收集与决策思考的能力，从而对企业绩效产生积极作用。

综上，本研究将两职合一与独立董事情况作为控制变量。像以往多数研究一样，其中的两职合一采用虚拟变量来衡量，如果上市公司的董事长与总经理是同一人来担任，则赋值为1，否则为2；独立董事的衡量指标为董事会成员中独立董事的所占比例，计算方法为研究期内样本企业董事会中的独立董事成员人数除以董事会总人数。

（四）内部特点：规模

在已有研究中，公司的规模也常常被认为是影响企业高层管理者与组织产出之间关系的重要因素（Miller，1991）。一方面，规模较大的公司一般来说会拥有相对更多的资源，但同时在管理体制上的官僚特点也会更浓厚些，在资源供给与行政特色等方面都会对高层管理者与企业绩效之间的关系产生影响。另一方面，对于高管股权激励的实施，企业规模大小也存在一定程度的影响。这种影响作用通过两层意义来实现：首先是公司规模与持股比例之间存在联系，学者 Holderness 和 Sheehan（1988）曾发现，二者之间存在负相关关系，规模大的公司高管持股比例会偏低，规模小的公司持股比例反而高；其次，持股比例多少的影响效用在不同规模的公司中的力度也不同，规模较小公司的高管人员持股比例大。那么对于这些人而言，收入中的很大一部分将来自公司股价的变动，所以出于对个人经济利益的考虑，努力工作实现企业绩效目标的积极性也会更强。而对于规模较大的公司，高管持股比例低所带来的企业与个人利益间的联动效应相对而言较差，股权激励的效用也会受到限制。因此，本书将企业规模也作为此次研究中的控制变量之一。参照以往研究，本书采用企业的总员工数作为企业规模的衡量指标（e. g. Richard & Shelor，2002；Carpenter，2002；吴剑峰，2010），并在统计分析中对企业员工总数取自然对数（Log_{10}）处理。

与此类似的还有高管团队规模。已有研究从高管人数对团队成员之间的冲突，以及成员背景差异所带来的多样化等方面研究了团队规模对高管行为，以及企业产出的影响，得出团队规模确实具有影响的结论，并在实证上得以验证（e. g. Wiersema & Bantel，1992；Smith，Smith，Olian & Sims，1994；Greening & Johnson，1996）。本书也将团队规模作为控制变量引入研究的假设检验过程中，衡量指标为高管团队人数。

如上文所述，本研究引入自变量、因变量以及控制变量一共15个，汇总如表4-4所示：

表4-4　　　　　　　　　　　本书中的相关变量

变量			备注说明
自变量	高管团队人口统计学特征	年龄	成员年龄求均值
		教育水平	成员学历赋值求均值

91

续表

变量			备注说明
自变量	高管团队人口统计学特征	任期长短	成员任职月份数求均值
		任期异质性	标准差系数
	股权激励	高管持股比例	高管持股数/股本总数
因变量	企业绩效	资产回报率 ROA	报酬总额与资产平均总额的比率
		每股收益 EPS	税后利润与股本总数的比率
		市净率 P/B	每股股价与每股净资产的比率
控制变量	外部环境	行业	竞争激烈：1；竞争不激烈：2
	股权结构	国有股比例	国有股数/股本总数
		股权集中度	Herfindahl 指数
	治理结构	两职合一	兼任：1；不兼任：2
		独立董事比例	独立董事人数/董事会成员总人数
	内部特点	企业规模	员工总人数
		高管团队规模	高管团队人数

第三节　检验方法

在检验方法上，本研究主要采用普通最小二乘（OLS）多元回归法对上文理论假设进行检验。虽然普通最小二乘法因在变量非正态性问题和多重共线性问题上存在缺陷而受到质疑（杜胜利，1995），但从我国实证研究来看，最小二乘法依然是学者们使用最多的方法。此外，考虑到本研究样本选用的是面板数据，本身较容易避免多重共线性问题，所以从稳妥性与可比性角度出发，本书也遵循以往学者的经验，主要采用普通最小二乘多元回归法来对理论假设进行检验。同时，虽然一般采用SPSS 方法的检验结果中可以通过 D_ W 检验与容忍度检验来检验变量残差的正态分布问题与多重共线性问题，但为了尽量避免统计分析过程中产生变量类型与检验方法的错位问题，本研究在进行假设检验之前先做了两项工作：首先是对进入分析的连续变量值是否符合正态分布进行了检验。在验证回归分析法适用的同时，也保证了后续研究中参与线性关系研究的数据符合 Pearson 相关系数检验的前提条件，为假设检验提供良好的测量基础；其次，由于理论假设是关于变量间的交互作用，而且自变量之间还存在相互影响关系，所以本研究在统计检验过程中对主要变量值都进行了中心化处理，以减少回归分析中的变量多重共线性问题（Aiken & West，1991；温忠麟，2005）。

除此之外，为了保证变量测量指标的有效性，本书还对企业绩效的三个指标的相关性进行了检验，结果如表4－5所示：

表4－5　　　　　　　　企业绩效三指标的相关性检验结果[a]

	1	2	3
1　ROA	1	.187（＊＊）	.081（＊＊）
2　EPS	.187（＊＊）	1	.009
3　P/B	.081（＊＊）	.009	1

[a]样本量 n＝4953；

＊＊表示相关系数在 $p < 0.01$ 的水平上显著（1 – tailed test）。

如结果所示，ROA 与 EPS 这两个会计基础的绩效指标呈显著相关关系，代表市场绩效的市净率 P/B 指标却与会计指标之间的相关性不显著。由此可见，会计指标与市场指标之间存在非强相关关系，某种意义上这也证明了本书从会计基础与市场基础两方面出发衡量企业绩效的必要性。

在假设检验过程中，本书采用分层多元回归法进行分析，从控制变量到自变量，再到自变量交互项，其将被分层次放入回归方程中。在每一层回归方程中，自变量的放入将采用强制回归的方式。由此，通过考察不同模型间的 R^2 与回归系数等值的变化，来比较不同模型所解释的变异量差异，进而分析各主要变量对因变量的方差解释贡献，完成理论假设的实证检验。在此需要说明的是，由于本书在理论部分设定自变量之间是存在交互作用的关系，所以在二者对于因变量的影响方面地位平等，相互对称，无主次之分（Aiken & West，1991），因此本研究并未特意讨论两个自变量影响程度的主次之分问题，只是关注了各自的影响系数。检验过程利用统计软件 SPSS 11.5 来进行。

第五章 结果与分析

第一节 描述性统计与相关性分析

在假设检验之前，本书首先对各主要变量进行了描述性统计分析，具体的分析结果如表5-1所示：

根据下表显示，样本企业在一些基本特征上的平均值情况是：国有股比例的平均值达到27.3%；股权集中度均值约为0.21；独立董事占据董事会比例平均约为0.34，即1/3的董事会成员为独立董事身份；高管平均年龄约为45岁，较为年轻；平均教育水平在大学本科以上；平均任期约为18个月，即一年半，变动较为频繁；股权激励实施的企业数还是偏少；高管持股比例均值为1.2%，比例偏低。

从相关关系来看，相关性在1%水平上显著的变量关系有：行业与国有股比例、股权集中度、企业规模、高管年龄、教育水平以及高管持股比例；国有股比例与股权集中度、兼任情况、独立董事所占比例、企业规模、高管团队规模、高管年龄、任期及其异质性、股权激励的实施、高管持股比例，资产回报率以及市净率；股权集中度与独立董事所占比例、企业规模、高管团队规模、高管年龄、股权激励的实施、高管持股比例，以及总资产回报率；兼任情况与独立董事所占比例、高管年龄，以及高管持股比例；独立董事所占比例与高管团队规模、高管年龄、教育水平、高管任期异质性，以及高管持股比例；企业规模与高管团队规模、高管年龄、教育水平，以及任期异质性；高管团队规模与高管年龄、教育水平、任期异质性、高管持股比例，以及市净率；高管年龄与教育水平、任期长短、高管持股比例，以及总资产回报率；高管教育水平与股权激励的实施、总资产回报率，以及市净率；高管任期长短

表 5 - 1

各变量的均值、标准差及相关系数矩阵[a]

	Mean	s.d.	1	2	3	4	5	6	7	8	9	10	11	12	13	14	15
1 行业	1.32	0.468	1														
2 国有股比例	0.273	0.25693	.089**	1													
3 股权集中度	0.2071	0.13587	.079**	.514**	1												
4 兼任情况	1.84	0.368	0.02	.140**	.029*	1											
5 独立董事比例	0.3394	0.078	-0.016	-.111**	.041**	-.044**	1										
6 员工人数	3.2379	0.58662	.084**	.127**	.198**	0.02	.083**	1									
7 高管团队人数	6.9	3.836	0.013	.097**	.046**	0.026	.045**	.085**	1								
8 高管年龄	45.9293	4.16709	.047**	.152**	.150**	.047**	.117**	.159**	.061**	1							
9 教育水平	3.3112	0.61774	-.037**	0	-0.008	0.025	-0.006	.061**	-0.012	-.054**	1						
10 任期长短	18.8442	11.41677	-0.015	-.067*	0.012	-.029*	.041**	.031*	-0.02	.134**	0.005	1					
11 任期异质性	0.2184	0.32877	-0.027	.065**	.032*	0.027	.077**	.048**	.059**	0.014	0.008	.190**	1				
12 持股比例	0.012	0.06792	-.052**	-.169**	-.054**	-.116**	.012	-.031*	-.041**	-.01***	-0.004	.101**	-.033*	1			
13 ROA	-0.0716	9.90774	0.004	-.038**	.106**	-0.019	0.012	.031*	-0.024	.046**	.056**	.066**	-0.009	.087**	1		
14 EPS	0.0276	1.33004	-0.005	-0.001	.036*	-0.012	-0.001	0.02	0.008	0.022	0.027	.040**	0.006	.046**	.242**	1	
15 P/B	-0.2482	12.07642	-.034*	-.063**	-0.022	-0.008	0.01	-0.012	-.047**	-0.014	.041**	0.002	-0.015	0.016	.059**	0.012	1

[a] 样本量 n = 4953；除哑变量之间的相关系数用 Spearman 秩相关水平之外，其余变量水平均用 Pearson 相关系数。

* 表示相关系数在 p<0.05 的水平上显著（2 - tailed test），** 表示相关系数在 p<0.01 的水平上显著（2 - tailed test），*** 表示相关系数在 p<0.001 的水平上显著（2 - tailed test）。

与任期异质性、高管持股比例、总资产回报率，以及每股收益；高管持股比例与总资产回报率、每股收益；总资产回报率与每股收益以及市净率。相关性在5%水平上显著的变量关系有：行业与市净率；股权集中度与兼任情况、任期异质性，以及每股收益；兼任情况与高管任期长短；企业规模与高管任期长短、高管持股比例，以及总资产回报率；高管任期异质性与持股比例。

　　由此可见，企业外部环境、内部股权结构、治理结构以及企业规模确实对企业特征、管理方式以及绩效表现产生很多影响。行业变量与国有股比例和股权集中度具有显著的相关性，说明行业因素确实对我国企业的股权结构具有一定程度的影响。行业变量与高管年龄、企业规模以及高管持股比例之间的正显著相关关系，说明竞争较不激烈的行业可能存在高管平均年龄偏大的现象，且企业规模可能较大，高管持股比例可能较低。国有股比例与多个变量之间的显著相关关系，表明在我国企业性质确实对企业的众多方面产生影响，国有股比例越高，企业股权越集中、董事长与总经理越有可能是不同的人来担任，企业规模与高层管理团队的规模也可能越大。除此之外，国有股比例还会对企业高管年龄和任期长短、任期异质性与高管持股比例等产生影响，对于绩效表现来说，国有股比例越高，企业的市净率反而可能越低。股权越集中的企业，董事会中独立董事所占比例有可能越高，实施高管股权激励的可能性反而越小，符合股东管控会对高管激励产生替代作用的观点；股权集中度与 ROA 和 EPS 的显著正相关关系，说明股权集中度高可能会对企业绩效产生积极影响。董事长与总经理由不同人担任的公司，其独立董事所占比例可能要低于两职合一的公司。高管团队成员的平均年龄也有可能大于两职合一的公司，高管任期也较长，任期异质性也较低，更有可能同时进入公司管理层，与企业绩效变量之间不存在显著相关性，说明兼任对于企业绩效的影响并不显著。规模较大的企业，高管平均年龄与任期都有可能相对较长，且任期异质性较高，不过这有可能是因为高管团队人数也随企业规模的增大而增多所致。总之，各控制变量对于主要变量的影响作用较为符合现实中的企业实际情况。

　　除此之外，本研究更关注的是主要研究变量之间的相关性是否显著，从相关矩阵（13、14、15 行）中可以看出，ROA、EPS 和 P/B 与高管人口统计学特征的不同方面及高管持股比例等存在不同方向、不同程度的显著相关性，这较符合理论假设部分所阐述的相关关系，为下一步回归分析的进行提供了良好的基础。

第二节　假设检验

本书将通过以下三部分内容，对上文所提出的五个假设进行检验。首先，对我国企业高管年龄与高管持股对于企业绩效变化的解释效力进行考察，通过分析二者对于企业绩效的影响以及交互作用的效应，检验假设 1 所提出的二者交互作用将会对企业绩效的提升产生削弱影响的观点；其次，针对高管教育水平与高管持股对企业绩效的交互作用进行考察，检验假设 2 所提出的积极影响关系；最后，对于高管任期特征的检验分为两步进行，首先对高管任期与企业绩效之间的相关性进行考察，对假设 3 进行检验。接着分别从高管任期长短与异质性两个角度展开考察，通过分析二者各自与高管持股对企业绩效的交互影响来对假设 4 与假设 5 进行检验，其中对假设 4 为双向假设检验。需要说明的是，在五个假设检验过程中，企业绩效都将在总资产回报率、每股收益以及市净率三个指标上进行分析。

一　高管年龄大小与股权激励对于企业绩效的交互影响

为了检验假设 1 所提出的高管年龄与高管持股比例对于企业绩效的交互作用，本研究采用分层回归的方法，先将所有控制变量用强制法放入方程中，其中对企业人员规模采用了对数化（Log_{10}）处理，然后相继放入高管年龄和高管持股比例这两个自变量，最后放入高管年龄与高管持股比例的交互项，来比较方程引入不同变量之后的回归系数变化与显著性水平。如果引入交互项之后，方程拟合优度有所提升，回归系数通过显著性水平的检验，说明引入变量对于方程的变化具有一定程度的解释意义，对于企业绩效确实产生影响。而变量系数值的正负，则反映了交互作用的影响方向。这里需要说明的是，本研究中的交互项属于二阶乘积项，所以都经过了中心化处理。设高管年龄为 X_1，高管持股比例为 X_2，企业绩效为 Y，方程的残差为 e_1，则该关系中所包含的回归方程可以表示为：

$$Y = a_0 + a_1 X_1 + a_2 X_2 + a_3 X_1 X_2 + e_1 \qquad\qquad (1)$$

a_1 与 a_2 的显著与否分别代表高管年龄与持股比例对于企业绩效的影响，若 a_3 显著则说明高管年龄与持股比例对企业绩效存在交互效应，回归检验结果如表 5-2 所示：

由下表可见，从 Modle1 到 Model12，本书分别在资产回报率、每股收益以及企业市净率这三个企业绩效指标上检验了主变量之间的关系。从结果中看出，只有在资产回报率指标上，高管年龄与持股比例对企业绩效表现出显著的交互作用，且影响方向为负。具体而言，引入控制变量的 Model1 中只有国有股比例与股权集中度表现出具有显著影响作用，回归系数分别为 -4.239 和 10.825，且都在 $P < 0.001$ 的水平上显著。Model2 是引入了高管年龄进入回归方程，结果显示出其对企业绩效具有显著的积极影响作用，回归系数为 0.799，在 $P < 0.01$ 的水平上显著，说明企业高管年龄大有利于企业绩效的提高；接着引入高管持股比例进入方程为 Model3，显示高管持股比例在 $P < 0.001$ 的水平上显著影响企业绩效，回归系数为 9.959，成正向关系，说明高管持股比例增强对于企业绩效有积极作用；最后 Model4 是将高管年龄与持股比例的交互项引入方程的结果，显示二者交互项在 $P < 0.05$ 的水平上显著影响企业绩效，回归系数为 -7.493，影响方向是负向。Modle3 和 Modle4 中，高管年龄对企业绩效都呈现出显著的正相影响，两者之间的正向关系获得了比较稳健的检验支持。同时，引入交互项之后，整个方程的调整后的 R^2 值得也得到了一定程度的改善，方程回归系数皆通过了 F 值的显著性检验（$P < 0.001$），因变量和自变量之间的线性关系确实显著存在。

可见，从资产回报率所衡量的企业绩效上来看，回归检验结果很好地支持了假设 1 所提出的变量关系，在证明高管年龄与高管持股分别对于企业绩效具有积极影响的同时，二者之间还存在交互作用，对企业绩效产生显著的消极影响。这一交互作用的具体形态如图 5-1 所示，图中四个端点通过对自变量分别加减一个标准差而计算得出，本研究下文类似交互效应图示端点值皆采用此方法计算。

表5-2 高管年龄与高管持股对于企业绩效的交互影响的回归检验结果[a]

变量	ROA				EPS				P/B			
	Model1	Model2	Model3	Model4	Model5	Model6	Model7	Model8	Model9	Model10	Model11	Model12
(Constant)	4.127***	2.005	1.628	1.214	0.351*	0.204	0.170	0.155	5.880***	6.142***	6.127***	6.071***
行业	0.016	-0.001	0.053	0.057	-0.022	-0.024	-0.019	-0.019	-0.723*	-0.723*	-0.719*	-0.718*
国有股比例	-4.239***	-4.375***	-3.947***	-3.950***	-0.143	-0.153	-0.114	-0.114	-2.962***	-2.946***	-2.929***	-2.929***
股权集中度	-4.239***	10.640***	10.470***	10.462***	0.485**	0.472**	0.457**	0.456**	1.45	1.48	1.47	1.47
两职合一	-0.150	-0.179	-0.013	-0.017	-0.037	-0.040	-0.024	-0.025	0.09	0.09	0.10	0.10
独立董事比例	-0.858	-1.094	-1.572	-1.552	-0.136	-0.152	-0.196	-0.195	0.78	0.81	0.79	0.80
员工人数	0.000	0.000	0.000	0.000	0.000	0.000	0.000	0.000	0.000	0.000	0.000	0.000
高管团队人数	-0.046	-0.049	-0.044	-0.044	0.003	0.003	0.003	0.003	-0.128**	-0.128**	-0.128**	-0.128**
高管年龄		0.799**	0.773**	0.823**		0.055	0.052	0.054		-0.10	-0.10	-0.09
持股比例			9.959***	12.138***			0.904**	1.697			0.40	3.41
高管年龄*高管持股比例				-7.493*				-0.267				-1.02
(Adjusted) R²	0.022	0.024	0.029	0.031	0.001	0.001	0.003	0.003	0.01	0.01	0.00	0.00
ΔR² b		0.001	0.006	0.002		0.000	0.002	0.000		0.00	0.00	0.00
F值	17.086***	16.016***	17.570***	15.958***	1.617	1.615	2.515**	2.270*	4.73	4.14	3.68	3.32

[a]样本量 n=4953;

* 表示相关系数在 $p<0.05$ 的水平上显著(2-tailed test),** 表示相关系数在 $p<0.01$ 的水平上显著(2-tailed test),*** 表示相关系数在 $p<0.001$ 的水平上显著(2-tailed test)。

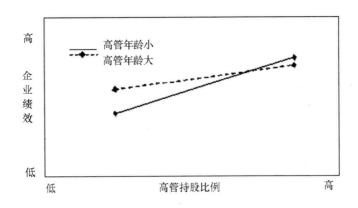

图 5 - 1　高管年龄与高管持股的交互效应

如上图所示，高管年龄对高管持股比例在企业绩效的影响产生了消极的削弱作用，即在高管年龄这一变量水平较高的情况下，高管持股比例对企业绩效的正向影响强度会降低。

二　高管教育水平与股权激励对于企业绩效的交互影响

本部分内容是针对假设 2 所提出的高管教育水平与持股比例对企业绩效的交互影响做检验，首先还是将所有控制变量引入回归方程，接着先后放入中心化处理过的高管教育与持股比例这两个自变量，最后引入中心化处理后的高管教育与持股比例交互项，考察回归方程整体效果与回归系数的变化。设高管教育水平为 X_3，高管持股比例为 X_2，企业绩效为 Y，方程的残差为 e_2，则该关系中所包含的回归方程可以表示为：

$$Y = b_0 + b_1 X_1 + b_2 X_2 + b_3 X_3 X_2 + e_2 \qquad （2）$$

b_1 与 b_2 的显著与否分别代表高管教育水平与持股比例对于企业绩效的影响，[1] 若 b_3 显著则说明高管教育水平与持股比例会对企业绩效产生交互影响，回归检验结果如表 5 - 3 所示：

---

①　虽然持股比例的影响作用在方程（1）中已进行了检验，但此处是在高管教育水平先进入方程之后，来看高管持股比例的解释效力，所以为了保证理论框架的完整分析，在此再次进行检验，下同。

表 5 - 3　　高管教育水平与高管持股对于企业绩效的交互影响的回归检验结果 [a]

变量	ROA				EPS				P/B			
	Model1	Model2	Model3	Model4	Model5	Model6	Model7	Model8	Model9	Model10	Model11	Model12
(Constant)	4.130***	2.143*	1.668	1.580	0.351*	0.201	0.158	0.158	5.878***	4.076**	4.053**	4.034**
行业	0.015	0.060	0.115	0.113	-0.022	-0.019	-0.014	-0.014	-0.722*	-0.686	-0.684	-0.684
国有股比例	-4.235***	-4.289***	-3.858***	-3.854***	-0.143	-0.148	-0.109	-0.109	-2.963***	-3.007**	-2.986***	-2.985***
股权集中度	10.819***	10.956***	10.779***	10.779***	0.485**	0.496**	0.480**	0.480**	1.453	1.586	1.577	1.577
两职合一	-0.149	-0.188	-0.020	-0.026	-0.038	-0.041	-0.025	-0.025	0.086	0.054	0.062	0.060
独立董事比例	-0.857	-1.668	-2.171	-2.162	-0.136	-0.196	-0.242	-0.242	0.781	0.035	0.012	0.014
员工人数	0.0000	0.0000	0.0000	0.0000	0.0000	0.0000	0.0000	0.0000	0.000	0.000	0.000	0.000
高管团队人数	-0.046	-0.042	-0.037	-0.037	0.003	0.003	0.003	0.003	-0.128**	-0.125**	-0.124**	-0.124**
高管教育水平		0.821***	0.831***	0.843***		0.061*	0.062*	0.062*		0.746**	0.747**	0.749**
高管持股比例			10.114***	15.524			0.916**	0.887*			0.473	1.694
高管教育水平*高管持股比例				-0.558				0.003*				-0.126
(Adjusted) R²	0.022	0.025	0.031	0.031	0.001	0.001	0.003	0.004	0.005	0.007	0.006	0.006
ΔR² b	0.003	0.003	0.006	0.000		0.001	0.002	0.001		0.001	0.000	0.000
F值	17.075***	17.141***	18.689***	16.848***	1.617	1.902*	2.799**	2.519**	4.724***	5.093***	4.530***	4.077***

[a] 样本量 n = 4953;

* 表示相关系数在 p < 0.05 的水平上显著 (2 - tailed test) , ** 表示相关系数在 p < 0.01 的水平上显著 (2 - tailed test) , *** 表示相关系数 p < 0.001 的水平上显著 (2 - tailed test)。

　　由上表可见，从 Modle1 到 Model12 也是分别就资产回报率、每股
收益以及企业市净率三个企业绩效指标进行了检验。结果显示只有在每
股收益指标上，数据显示出了高管教育水平与持股比例之间存在显著的
交互效应，对企业绩效产生正向的影响作用。具体来看，在 Model5 中，
当控制变量引入方程之后，只有股权集中度显示了正向的解释力，回归
系数为 0.485，显著性在 P < 0.01 的水平上；Model6 中引入了高管教育
水平变量进入方程，显示出正向相关关系并在 P < 0.05 的水平上显著，
回归系数为 0.061，证明了高管教育水平对企业绩效具有积极的影响作
用；Model7 是高管持股比例进入方程之后的结果，回归系数为 0.887，
且在 P < 0.05 的水平上显著，说明高管持股比例对于企业绩效也存在正
向效用，高管持股比例的提高有助于企业绩效的提升；在 Model8 中，
高管教育水平与持股比例的交互项引入方程，回归系数为 0.003，通过
了 P < 0.05 的显著性检验，说明高管教育水平与高管持股之间确实存在
交互效应，且显著正向影响企业绩效水平。随着变量的不断引入，方程
调整后的 R^2 值也逐渐得到了一定程度的改善，方程回归系数皆通过了 F
值的显著性检验（P < 0.001），说明因变量和自变量之间确实存在显著
的线性关系。

　　可见，从每股收益所衡量的企业绩效上来看，回归检验结果很好地
支持了假设 2 所提出的变量关系，高管教育水平与高管持股在分别对企
业绩效产生积极影响作用的同时，二者之间确实还存在一种交互作用，
对企业绩效产生显著的积极影响。这一交互作用的具体形态可以表示为
图 5 - 2：

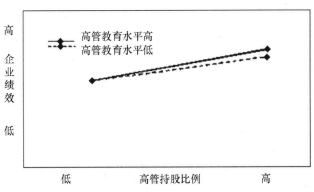

图 5 - 2　高管教育水平与高管持股的交互效应

如上图所示，高管教育水平对高管持股与企业绩效的作用上产生了加强型的积极影响，即随着持股比例这一变量值水平的提高，高管教育水平高的企业绩效表现要优于高管教育水平低的企业。如上图所示的实线斜率要大于虚线斜率，也就是说，高管教育水平越高，持股比例的增大对于企业绩效的提升程度也越强。

三 高管任期长短与股权激励对于企业绩效的交互影响

首先，本部分内容对假设3所提及的高管任期长短与企业绩效之间存在倒"U"形关系进行了考察。方法是先将控制变量引入回归方程，然后将高管任期变量放入，最后将高管任期变量的平方项放入。在此需要说明的是，由于涉及了二次平方项，所以对相关数据也做了中心化处理，降低多重共线性的影响（温忠麟，2005）。如果引入的平方项对回归方程有显著的解释效力，且系数为负，那么就说明高管任期长短与企业绩效之间确实存在一个倒"U"形的曲线相关关系。回归检验结果如表5-4所示：

如下表所示，在对企业绩效三个衡量指标总资产回报率、每股收益以及市净率分别做检验的结果中，在总资产回报率与每股收益上，高管任期与企业绩效存在正相关关系，回归系数分别为0.503（$P < 0.001$）和0.053（$P < 0.05$）。当任期平方项引入回归方程之后，所有的绩效指标上都没有出现显著的相关性。也即说明，在我国上市公司样本的实证检验中，高管任期长短与企业绩效之间不存在倒"U"形曲线关系，假设3不成立。

在对假设3进行检验得出不支持结论的基础上，本书接着对假设4的双向假设是否成立进行了考察。同样采用分层回归的方式，先将所有控制变量引入回归方程，接着先后放入中心化处理后的自变量，依次为高管任期长短、持股比例，以及高管任期长短与持股比例的交互项，通过考察回归方程整体效果与回归系数的变化来分析各自变量对于因变量的解释效力。设高管任期长短为 X_4，高管持股比例为 X_2，企业绩效为 Y，方程的残差为 e_3，则该关系中所包含的回归方程可以表示为：

$$Y = c_0 + c_1 X_4 + c_2 X_2 + c_3 X_4 X_2 + e_3 \qquad (3)$$

c_1 与 c_2 的显著与否分别说明了高管任期长短与持股比例是否对企业绩效产生影响，而 c_3 的显著检验则是对高管任期长短与持股比例的交互

表5-4　高管任期与企业绩效之间关系的回归检验结果[a]

变量	ROA			EPS			P/B		
	Model1	Model2	Model3	Model4	Model5	Model6	Model7	Model8	Model9
（Constant）	4.130 ***	2.983 **	3.643 **	0.351 *	0.229	0.203	5.878 ***	5.986 ***	5.973 ***
行业	0.015	0.029	0.029	-0.022	-0.021	-0.017	-0.722 *	-0.724 *	-0.721 *
国有股比例	-4.235 ***	-4.052 ***	-4.067 ***	-0.143	-0.124	-0.090	-2.963 ***	-2.981 ***	-2.962 ***
股权集中度	10.819 ***	10.611 ***	10.597 ***	0.485 **	0.464 **	0.451 **	1.453	1.475	1.468
两职合一	-0.149	-0.126	-0.124	-0.038	-0.035	-0.021	0.086	0.084	0.091
独立董事比例	-0.857	-0.734	-0.768	-0.136	-0.123	-0.166	0.781	0.769	0.747
员工人数	0.000	0.000	0.000	0.000	0.000	0.000	0.000	0.000	0.000
高管人数	-0.046	-0.044	-0.044	0.002	0.002	0.003	-0.128 **	-0.128 **	-0.128 **
任期长短		0.503 ***	0.185		0.053 **	0.046		-0.048	-0.051
任期平方项			0.063			0.000			0.000
（Adjusted） R^2	0.024	0.027	0.027	0.002	0.003	0.003	0.006	0.006	0.006
ΔR^2 b		0.003	0.000		0.000	0.000		0.000	0.000
F值	17.075 ***	16.855 ***	15.065 ***	1.617	2.256 *	1.742	4.724 ***	4.142 ***	3.491 ***

[a] 样本量 n = 4953；

* 表示相关系数在 $p < 0.05$ 的水平上显著 (2-tailed test)，** 表示相关系数在 $p < 0.01$ 的水平上显著 (2-tailed test)，*** 表示相关系数在 $p < 0.001$ 的水平上显著 (2-tailed test)。

效应进行验证，回归检验结果如表 5 - 5 所示。

　　根据表中结果所示，三个绩效衡量指标中有两个都对交互作用的影响性进行了证实，高管任期长短与持股比例在总资产回报率和每股收益上都体现出积极的交互影响作用。具体来看，在资产回报率为企业绩效衡量指标的检验过程中，Model1 首先是引入了所有控制变量，显示国有股比例与股权集中度这两个变量对方程有显著的解释效力。其中国有股比例对企业绩效有负向影响，回归系数为 - 4.235（P < 0.001），股权集中度的影响为正向，回归系数为 10.819，在 P < 0.001 的水平上显著。Model2 引入了高管任期长短，回归系数为 0.503，并通过了 P < 0.001 的显著性检验，说明高管任期时间与企业绩效之间存在正相关关系；接着引入了高管持股比例的 Model3 的回归结果显示，新进自变量对于方程显著性的提高作出了显著贡献，回归系数为 9.486，在 P < 0.001 的水平上显著；Model4 将高管任期长短与高管持股的交互项引入分析，交互项回归系数为 0.009（P < 0.05），说明交互项的引入确实为因变量差异的解释作出了贡献，高管任期长短与高管持股确实对企业绩效存在交互作用，并呈积极的影响效果。虽然 Model4 对比 Model3 而言，回归方程调整后的 R^2 值没有得到改善，但是从 F 值检验来看，都通过了 P < 0.001 的显著性检验，自变量与因变量之间还是存在比较显著的线性关系的。

　　在每股收益为绩效指标的回归检验中，引入控制变量（Model5）之后，只有股权集中度显示正向的影响效果。Model6 与 Model7 检验了高管任期长短与持股比例对于企业绩效的影响，都呈正向影响关系，Model6 中的高管任期长短的回归系数为 0.053（P < 0.01），Model7 中高管持股比例的回归系数为 0.850（P < 0.01）；Model8 是引入了交互项，结果显示回归系数为 0.004，并通过了 P < 0.05 的显著性检验，由此说明高管任职长短与高管持股会对企业绩效产生积极的交互影响作用。回归方程调整后的 R^2 值随着变量的引入逐渐获得了改善，方程 Model6 到 Model8 都通过了 F 值检验。对比资产回报率的检验结果来看，交互项的回归系数差别不大，且方向相同，在一定程度上也是对于交互作用成立的侧面验证。另外还有一个问题，就是通过回归方程的 F 值检验，说明自变量与因变量之间确实存在良好的线性关系，支持了理论假设中提出的，我国企业高管任期与企业绩效之间存在线性影响作用的观点，而且

表 5 - 5   高管任期长短与高管持股对于企业绩效的交互影响的回归检验结果ª

变量	ROA				EPS				P/B			
	Model1	Model2	Model3	Model4	Model5	Model6	Model7	Model8	Model9	Model10	Model11	Model12
(Constant)	4.130***	2.983**	2.694**	2.697**	0.351*	0.229	0.203	0.204	5.878***	5.986***	5.973***	5.993***
行业	0.015	0.029	0.078	0.078	-0.022	-0.021	-0.017	-0.016	-0.722*	-0.724*	-0.721*	-0.719*
国有股比例	-4.235***	-4.052***	-3.669***	-3.670***	-0.143	-0.124	-0.090	-0.090	-2.963***	-2.981***	-2.962***	-2.966***
股权集中度	10.819***	10.611***	10.469***	10.469***	0.485***	0.464**	0.451**	0.451**	1.453	1.475	1.468	1.471
两职合一	-0.149	-0.126	0.029	0.029	-0.038	-0.035	-0.021	-0.021	0.086	0.084	0.091	0.095
独立董事比例	-0.857	-0.734	-1.211	-1.212	-0.136	-0.123	-0.166	-0.167	0.781	0.769	0.747	0.733
员工人数	0.000	0.000	0.000	0.000	0.000	0.000	0.000	0.000	0.000	0.000	0.000	0.000
高管团队人数	-0.046	-0.044	-0.040	-0.040	0.002	0.002	0.003	0.003	-0.128**	-0.128**	-0.128**	-0.128**
高管任期长短			0.444***	0.444***			0.048*	0.048*			-0.051	-0.052
高管持股比例		0.503***	9.486***	9.219*		0.053**	0.850**	0.753*		-0.048	0.463	-1.488
高管任期长短*持股比例				0.009*				0.004*				0.073
(Adjusted) R²	0.022	0.025	0.030	0.030	0.001	0.002	0.004	0.005	0.005	0.005	0.005	0.005
ΔR² b	0.003	0.003	0.005	0.000		0.001	0.002	0.001		0.000	0.000	0.000
F 值	17.075***	16.855***	17.990***	16.188***	1.617	2.256*	2.955**	2.660**	4.724***	4.142***	3.684***	3.324***

ª样本量 n = 4953;

* 表示相关系数在 p < 0.05 的水平上显著(2 - tailed test)，** 表示相关系数在 p < 0.01 的水平上显著(2 - tailed test)，*** 表示相关系数在 p < 0.001 的水平上显著(2 - tailed test)。

106

影响方向为正向，假设 4a 得到了很好的支持，假设 4b 被否定。

　　由于在不同绩效衡量指标检验中，虽然高管持股比例的回归系数差别明显（Model4 中显示为 9.219，Model8 中为 0.753），但交互项的回归系数差别不大，本书主要针对交互作用进行检验，所以在此仅对交互作用的形态作出图示，没有根据企业绩效指标的不同再做区分，具体见图 5 - 3 所示：

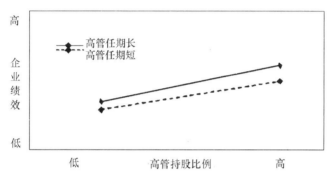

图 5 - 3　高管任期长短与高管持股的交互效应

　　如上图所示，高管任期长短在高管持股与企业绩效的关系上起到加强型的积极作用，即随着持股比例的提高，高管任期较长的企业的绩效水平要高于高管任期短的企业，也就是说，高管任期越长的企业，提高高管持股比例越有利于企业绩效。

四　高管任期异质性与股权激励对于企业绩效的交互影响

　　本部分内容主要针对假设 5 进行回归检验，仍使用分层多元回归方法。分层回归的第一步是将所有控制变量引入方程，在此基础上依次放入自变量任期异质性与高管持股，最后放入高管任期异质性与持股的交互项。通过观察各引入变量的回归系数，来分析其对于因变量变化的解释贡献。设高管任期异质性为 X_5，高管持股比例为 X_2，企业绩效为 Y，方程的残差为 e_4，则该关系中所包含的回归方程可以表示为：

$$Y = d_0 + d_1 X_5 + d_2 X_2 + d_3 X_5 X_2 + e_4 \qquad (4)$$

　　d_1 与 d_2 的显著与否分别说明了高管任期异质性与持股比例是否对企业绩效产生影响，而 d_3 的显著检验则是对高管任期异质性与持股比例的交互效应进行验证，回归检验结果如下表 5 - 6 所示：

表5－6 高管任期异质性与高管持股对企业绩效交互影响的回归检验结果[a]

变量	ROA				EPS				P/B			
	Model1	Model2	Model3	Model4	Model5	Model6	Model7	Model8	Model9	Model10	Model11	Model12
(Constant)	4.130***	4.194***	3.724***	3.713***	0.351*	0.340*	0.297*	0.294*	5.878***	6.023***	6.006***	6.006***
行业	0.015	0.011	0.066	0.065	-0.022	-0.022	-0.017	-0.017	-0.722*	-0.731*	-0.729*	-0.729*
国有股比例	-4.235***	-4.223***	-3.799***	-3.801***	-0.143	-0.145	-0.107	-0.107	-2.963***	-2.933***	-2.918***	-2.918***
股权集中度	10.819***	10.815***	10.639***	10.638***	0.485**	0.485**	0.469**	0.469**	1.453	1.445	1.438	1.438
两职合一	-0.149	-0.147	0.020	0.020	-0.038	-0.038	-0.023	-0.023	0.086	0.092	0.097	0.098
独立董事比例	-0.857	-0.829	-1.327	-1.334	-0.136	-0.140	-0.186	-0.188	0.781	0.848	0.831	0.831
员工人数	0.000	0.000	0.000	0.000	0.000	0.000	0.000	0.000	0.000	0.000	0.000	0.000
高管团队人数	-0.046	-0.046	-0.041	-0.041	0.002	0.002	0.003	0.003	-0.128**	-0.127**	-0.127**	-0.127**
高管任期异质性		-0.032	-0.022	-0.020		0.005	0.006	0.006		-0.074	-0.074	-0.074
高管任期持股比例			10.035***	10.713**			0.914**	1.093			0.357	0.369
高管任期质性*持股比例				-0.316				-0.083				-0.006
(Adjusted) R²	0.022	0.022	0.028	0.028	0.001	0.001	0.003	0.002	0.005	0.005	0.005	0.005
ΔR² b	0.000	0.000	0.006	0.000		0.000	0.002	0.000		0.000	0.000	0.000
F值	17.075***	14.957***	16.668***	15.002***	1.617	1.434	2.376*	2.148*	4.724***	4.185***	3.722***	3.349***

[a]样本量 n＝4953;

* 表示相关系数在 p<0.05 的水平上显著 (2－tailed test), ** 表示相关系数在 p<0.01 的水平上显著 (2－tailed test), *** 表示相关系数在 p<0.001 的水平上显著 (2－tailed test)。

如上表所示，在企业绩效三个指标的检验中，高管任期异质性的影响作用（Model2，Model6 与 Model10）与交互效应（Model4，Model8 与 Model12）都没有通过显著性检验。在总资产回报率和每股收益为绩效指标的检验中，高管持股（Model3 与 Model7）对企业绩效产生积极影响，回归系数分别为 10.035（P < 0.001）和 0.194（P < 0.01）。假设 5 没有得到支持，即高管任期异质性与持股比例对企业绩效不存在交互影响。

综上，通过对理论假设进行分层多元回归分析检验，得到检验结果分别为：高管年龄与股权激励对企业绩效存在交互作用，且影响的方向为负，即高管年龄越大的企业，高管持股比例越高的企业绩效越差，支持假设 1；高管教育水平与股权激励对企业绩效存在交互作用，且影响方向为正，即高管教育水平越高的企业，高管持股比例越高企业绩效越好，支持假设 2；高管任期长短与企业绩效之间不存在倒"U"形关系，实证研究结果对假设 3 不予支持；高管任期长短与股权激励对企业绩效存在交互作用，且影响方向为正，即高管任期越长的企业，高管持股比例越高企业绩效越好，支持假设 4a；高管任期异质性与高管持股对企业绩效的交互作用不显著，没有对假设 5 予以支持。另外需要说明的是，在回归检验中，支持理论假设的方程（1）、（2），以及（3）的拟合优度 R^2 都不是太好，但是显著性检验还是比较好的，而且调整后的 R^2 随着自变量的引入，也不断得到改善，说明自变量对于因变量的解释效应确实存在。

以上四个方面的回归检验，对本文提出的 5 个理论假设进行了考察。相应的检验结果总结如表 5 - 7 所示：

表 5 - 7　　　　　　　　本研究假设检验结果

	研究假设	检验结果
假设 1	高管年龄与持股比例的交互作用在对企业绩效的影响中存在负向调节作用，即高管年龄越大，高管持股比例越高的企业绩效越差；持股比例越高，高管年龄越大的企业绩效越差。	通过显著性检验
假设 2	高管教育与持股比例的交互作用在对企业绩效的影响中存在正向调节作用，即高管教育水平越高，高管持股比例越高的企业绩效越好；持股比例越高，高管教育水平越高的企业绩效越好。	通过显著性检验

续表

研究假设		检验结果
假设 3	高管任期长短与企业绩效之间存在倒"U"形关系	未通过显著性检验
假设 4a	高管任期长短与持股比例的交互作用在对企业绩效的影响中存在正向调节作用，即高管任期越长，高管持股比例越高的企业绩效越好；持股比例越高，高管任期越长的企业绩效越好；	通过显著性检验
假设 4b	高管任期长短与持股比例的交互作用在对企业绩效的影响中存在负向调节作用，即高管任期越长，高管持股比例越高的企业绩效越差；持股比例越高，高管任期越长的企业绩效越差。	未通过显著性检验
假设 5	高管任期异质性与持股比例的交互作用在对企业绩效的影响中存在正向调节作用，即高管任期异质性越高，高管持股比例越高的企业绩效越好；持股比例越高，高管任期异质性越高的企业绩效越好。	未通过显著性检验

如上表所示，在检验中，假设 1、假设 2 和假设 4a 通过了显著性检验，假设 3、假设 4b 和假设 5 没有通过显著性检验。

第六章　结论与讨论

第一节　主要研究结论

基于上述理论构建与实证检验，本研究所得结论可以从如下三方面来看：

首先是关于模型的构建。本书以我国上市公司为样本，通过对高管年龄、教育水平以及任期与股权激励对企业绩效的影响作用进行研究的结果，为高管特征与股权激励对企业绩效的交互模型的合理性提供了有力支持。企业实施高管股权激励是一种出自选用合适的高层管理者的管理诉求，或是通过利益共同体的建立激发管理者的内在动力，来强化长期利益导向的管理方式。但企业的高层管理者在面对这种内含风险性因素与长期利益导向的薪酬设计时，其心理反应与行为会受到其价值观与认知体系的影响，这种价值观和认知体系会通过高管特征反映出来。本书从平均值角度对团队层面上的反应进行理论推导的结果显示，高管特征会影响到企业股权激励的实施效用，这种差异又会进一步影响到企业的绩效表现。

其次是关于具体的实证研究结果。在以中国上市公司为样本的检验中，本研究得出如下四方面结论：

第一，假设1的检验结果表明，对于我国上市公司而言，高管年龄与股权激励对企业绩效存在交互效应，且这种效应对企业绩效的影响方向为负，高管年龄越大、高管持股越多的公司企业绩效越差。对此结果本书分析理解为，高管的年龄越大，股权激励所带来的风险性与不确定性越有可能引起高管人员的厌恶心理，以及短期利益导向驱动所导致的套现行为，所以相对于年轻的高管而言，股权激励下年龄大的高管对于企业绩效的提升的力度反而较弱。同时，我们在研究中发现，高管年龄本身与企业绩效之间的关系是正相关的，这也与国外研究所得的高管年龄与企业绩效成负相关关系的结论不符（e. g. Tihanyi, 2000），究其原因，可能在于我国社会具有"关系性"特点，该特点是指我国企业的行动与效益在很多方面取决于其与其他企业、政府部门等相关主体的关系如何。虽然我国市场经济在不断完善和发展，但规范的市场经济和资本主义市场的发展相对而言还较落后，历史文化积淀下来的"关系型"社会特色不会轻易消退，在企业运营与外部环境的联系中还是具有相当大的影响力的。所以，对企业经营具有绝对影响力的高层管理者，其对于"关系"的运作能力与在"关系网络"方面所掌握的资源程度，对于企业绩效具有不可忽视的影响力。这就使得年龄这一要素与企业绩效之间呈现出正相关关系。另一方面，从外在竞争环境与企业内在环境的特点来看，供年轻高管人员很好地发挥能力与潜力的时期还尚未来临，转型过程中的中国市场经济与竞争情况，还未给年轻高管较占据优势的精益管理创新理念与创新行为的发挥提供合适的环境与匹配机制。所以目前我国高管年龄与企业绩效之间的关系还是体现为正相关关系，年龄大的高管有利于企业绩效的提升。但是我们相信，随着我国市场化程度的不断提高，市场竞争的日趋激烈化与规范化，企业绩效的决定与影响因素会越来越偏重于高层管理者的知识和能力，年龄较长所带来的关系效应会逐渐被信息处理能力和认知能力等内在优势所代替。从这一角度而言，年轻高管所具备的快速反应能力、积极应变能力会越来越占据优势，他们能够更好地抓住企业发展过程中所出现的机会，更快地面对挑战，他们对企业绩效提升与可持续发展的作用也会越来越大。因此，随着时间的推进，高管年龄与持股比例对于企业绩效的影响，也许会发生变化。

第二，假设2的检验结果表明，在我国上市公司，高管教育水平与持股比例对企业绩效存在交互影响作用，且方向为正，即高管教育水平越高、高管持股比例越高的企业绩效表现也越好。这与多项已有研究的结论相一致，说明高管受教育水平越高，其所拥有的相对较优的认知基础与价值观会强化高管对于企业长远发展的信心，越有可能倾向于选择实现可持续发展的战略决策并作出实际行动，对于强调长期利益导向的股权激励具有更高的接纳性，在实际管理活动中也具有较高的积极性与运营能力。高层管理者与企业双方利益联动效应的加强，使得高管教育水平与股权激励之间的交互效应对企业绩效产生显著的积极作用。

　　第三，假设 3、假设 4a、假设 4b 以及假设 5 都是有关高管任期与股权激励问题的。检验结果表明，高管任期与股权激励之间交互效应的影响，主要落脚于任期长短本身对于企业绩效的作用，而高管任期异质性与持股比例对企业绩效的交互影响不显著。具体而言，在对高管任期长短的分析中，首先假设 3 的检验结果表明，我国企业高管团队任期长短与企业绩效之间不存在所谓的倒"U"形关系，而是随着高管任期的延长，对企业绩效的提升起积极作用。其次，从实证检验结果来看，对我国企业样本的研究结果显示，高管任期长短与高管持股对企业绩效存在交互作用，且影响方向为正，即高管任期越长，高管持股比例越高的企业绩效表现越好。

　　之所以出现这样的结果，可能的原因主要包括两方面：其一，与高管年龄分析中所提及的"关系网络"优势相类似。虽然说我国市场经济建设已经取得了很大发展，但是相比成熟的市场经济与资本主义市场而言，在公平公正、机制完善，以及发展程度等方面都仍然存在一定距离。所以在这种情况下，高层管理者在较长任期中所积累的人脉优势与关系网络对企业绩效的提高具有积极意义；其二，在我们的理论推导中，关于任期长短与高管持股之间的作用机理，主要出发点是任期的影响力，股权激励只是起到将这种影响力进行放大的作用。那么当聚焦于任期长短对企业绩效的影响问题上时，首先要了解我国高管任期对高管行为和决策影响的一些独特之处。我国企业性质多样，企业股权结构复杂，在前面的研究分析中也已多次提到，在当前我国很多企业中，高管"零报酬"和"零持股"现象依然很常见，持股比例偏低的现象也很普遍。在这个现象的另一面有一个不容忽视的地方，就是对于我国企业高层管理人员来说，有时除了薪酬方面的激励之外，还有其他更具吸引力的地方，典型的比如有控制权收益和政治激励。控制权收益可以理解为高管人员在现有职位上所享受的与职位相关的资源以及获得的相关收入回报，比如说在职消费，陈冬华（2005）采用 1999—2002 年的数据，对我国上市公司高层管理人员的在职消费与其薪酬收入进行过对比研究，结果表明我国上市公司高层管理者的薪酬回报远远小于在职消费的数额，两者之间比例竟达 1：10。这也就是说，高管人员只要保证自己在企业管理位子上，本身就可以获得很多收益，提高自己的收入，如此一来对于高管而言职位本身就成了一种激励。在这种情况下，他们所努力的原因和方向有可能不是直接为企业绩效的提升做贡献，而是因为想要保住自己的现有位子或者是得到晋升。而作出业绩是达到这个目的的重要条件之一，由此高管会作出有利于企业绩效的管理行为。在职位上的时间越长，对于在职消费的认识越深，经验也越多，职位对其的吸引力也就越强，客观上可以帮助企业绩效得到提升。而政治激励的现象则多是发生在国有企业高层管理人员身上。在本书前面的论述中也已提及，我国国有企业的经营目标，很多时候在经济效益之外还负有一定的社会责任，经济利益的最大化并不一定是企业经营的首要目的。那么相对的，国有企业的高层管理者身上所背负的任务也不一定完全是绩效导向，高管在这个职位上自己的发展目标也有可能不完全是经济利益方面的回报。比如说，国企高管有可能存在更看重自己所作出的业绩对于以后转入仕途发展的作用的情况，那么这些高管人员从事企业管理的目的就在于作出"政绩"。从这个角度上说，高管任期越长，越会关注自己的政绩积累，不会轻易允许企业绩效失利而影响到自己的政治目标的情况发生。所以，他们会付出更多努力于企业业绩的提升，或者更严谨地说，努力于企业战略目标的实现，结果也有可能实现良好的企业绩效。

第四，除了具体的研究假设结果之外，实证研究还有其他一些发现，如同一交互效应的不同企业绩效衡量指标上的检验得出不同的结果。对此本书分析可能的原因主要有两个方面：首先，企业绩效的三个衡量指标本身所反映的内涵就有差别：资产回报率是企业在一定时期内，所获得的回报总额与资产平均总额的比率，该指标是通过评价企业全部资产的总体获利能力来反映企业的运营效益与盈利能力，比率越高表明企业的资产利用效率越高，也说明经营管理水平好；每股收益是企业一定时期内税后利润与股本总数的比率，该指标反映的是单位股份所创造的税后利润，比率越高表明所创造的利润就越多，表明了企业的市场获利能力；而市净率是每股股价与每股净资产的比率，比率越高表明企业的资产质量较好，越有发展潜力，是市场对于企业的资产质量与未来盈利能力评价的依据。其次，对于市净率的所有实证检验结果都没有通过显著性检验，说明我国上市公司的市净率指标的反应效果相对而言较差，这与国外研究所得结论不一致。Leland 与 Pyle（1977）在一篇研究中曾指出，高层管理者较高股权的持有，会对外部市场传递出积极的投资信号，管理者持股比例在市场绩效反应指标上应该有较为积极的表现。但是中国上市公司的检验中，却没有得到这样的结论。之所以形成这样的现象，原因有可能在于我国市场不够发达，市场指标的有效性太差，这有可能正符合了于东智（2004）的观点，即在非完美市场下，由于信息不对称有可能会出现市场类业绩指标不可靠的现象。所以在我国目前的资本市场条件下，如何准确衡量企业的市场绩效表现，还是个有待商榷的问题。

最后，关于高管特征与股权激励之间的匹配性问题。本研究理论推导与实证检验结果都表明，高管特征与股权激励之间确实存在一个匹配与否的问题。由此，作为现代企业制度重要部分之一的高层管理者薪酬设计，在实际操作过程中要将高管自身的特征考虑进来。因为这种长期利益导向的管理方式未必会对所有的企业高管都产生一样的激励效应，针对高管团队人口统计学特征来考虑股权激励的实施与设计具有很大的必要性与意义。在此过程中，还要考虑到高管特征与股权激励对企业绩效的交互作用还会受到国别文化的影响，即在不同的国家与民族文化之间可能产生不同的效果。比如在本书以中国上市公司为样本的实证检验中，高管任期长短自身，以及高管任期长短与股权激励的交互作用对企业绩效的影响方向皆为正向，这与很多研究所得出的任期长短与企业绩效之间存在负相关关系或者曲线相关关系的结论不一致。之所以国别背景与民族文化背景会对二者的关系产生影响，一方面是由于不同的文化与风俗，会对高管特征下的深层次因素造成影响，比如价值观与认知结构，集体主义与个人主义、物质性，以及风险规避性方面的观点与看法都有可能存在差异；另一方面，不同国家与文化所形成的企业经营环境不同，在政策制度、法律法规、风俗惯例等多方面，都会对处于其中的高层管理人员的行为产生促进或约束等不同程度的影响。

总而言之，本书从高阶理论与代理理论的理论出发，所构建的高管特征与股权激励对企业绩效的交互效应模型具有一定的解释效力。以我国上市公司为样本的实证检验结果也证明高管年龄、高管教育水平以及高管任期长短确实会与高管持股比例产生交互作用，这一作用会对企业绩效产生不同的影响。在企业薪酬管理过程中，股权激励的设计与实施要考虑到是否与高管特征相匹配的问题。

第二节　研究建议

对于未来研究的深入拓展方向，本书也给出了一些建议与讨论：

第一，针对股权激励的不同实施模式和类型的研究问题。在国外成熟资本主义市场中，股权激励不同形式之间的差别早已纳入了学者讨论与研究的范畴中。如 Hall（2003）从价值角度理论分析出，因对高层管理者而言，股票激励的风险性要小于股票期权激励，而二者在股东那里的成本又是一样的，所以综合从价值方面分析，股票激励方式要优于股票期权激励。但也有学者持有不同看法，如 Richard（2002）通过实证研究指出，高管激励成本是股票期权执行价的减函数，而对于股票激励这种形式的激励来说，执行价格为零，那么激励成本就是最高，由此得出股票期权激励方式较优的结论。Lawrence 和 Brown（2007）在对美国一项公司股权相关法案颁布前后的高管薪酬进行的研究中，发现限制性股票替代股票期权之后会降低高层管理人员的超常报酬。在实践中，国外企业股权激励的具体形式使用也存在差别，整体趋势是越来越偏向于使用限制性股票进行股权激励。据 2007 年一项调查显示，在美国上市公司中，限制性股票激励方式的运用要多于股票期权的运用。限制性股票所具有的享有者在股票处置上受约束的特点，可以在一定程度上降低套现行为发生的风险。我国也有关于股权激励哪种形式较为合适的讨论，主要从我国股票市场自身的稳定性方面出发，对股票期权制度是否适用于我国企业提出质疑。如 2002 年，中国企业经营者激励约束机制及有关政策研究课题组认为股票期权制度受市场的影响巨大，尤其是在"牛市"之时，会造成企业高管人员收入与普通员工收入之间的差距大幅度拉大的后果。对此问题，我国学者也有持类似看法的，提出由于中国股市现阶段自身具有噪声太大的缺陷，在这样的市场环境中，高管股票期权确实不如限制性股票适用的观点。所以，如果今后结合高管特征研究其与股权激励对企业绩效的交互效应之时，在股权激励实施方面能够对不同的模式和类型来进行探讨，是一个具有意义的研究方向，也是一个有实践指导意义的新视角。

第二，决策权重问题。这里一方面是指高管不同人口统计学特征对决策的影响权重，另一方面主要指的是企业团队内部的权力分布问题。

116

由于前者所涉及的内容将会在下文讨论"黑匣子"问题的部分详细阐述，所以在此主要对后者进行探讨。本书理论模型在对高管特征进行单项分析时，是假设个体人口统计学特征面对股权激励所产生心理及行为反应是同质传递到高管团队层面上的，即高管团队成员之间在决策制定与执行过程中，各自的价值观与理念可以起到平等作用。但现实中的高管团队不同成员之间在决策权与影响力上其实有很大的差别，这一传导机制并非如此简单。举例来说，高管团队中年龄大的成员会使得团队整体的年龄均值升高，很大程度上影响了团队的年龄水平，但是这些年龄大的成员未必对团队决策有相应的影响力。极端点讲，有可能团队成员中年龄最小的管理者的决策权反而最大，那么将激励效应的分析建立在高管团队年龄均值的基础上来推导所可能产生的心理与行为反应，无疑会产生偏差。这一问题其实在高管团队人口统计特征研究领域中，也曾有学者提出过（e.g. Kor, 2003；陈守明，2009）。而且还有学者在研究高管团队结构时，确实得出过各主体之间存在决策影响程度的差别的结论（e.g. Bantel & Ackson, 1989；Carpenter & Fredrickson, 2001），但如何在操作层面上衡量团队不同高管影响权重的差别，以及这种差别对企业产出的内在作用效果，却是目前的一个研究难点。也就是说，如何通过引入决策权重概念，来对模型内在作用机理的传导效应作出更准确的分析，是未来研究的一个值得重视且很有意义的入手点。

第三，研究的"黑匣子"问题。高阶理论提出者 Hambrick 曾呼吁高阶理论的相关研究能够进入到人口统计学的"黑匣子"去进行深入探讨，这一问题在本研究中同样存在。比如在本研究中，对样本的高管教育背景资料进行统计时，发现在高管团队中个体教育水平衡量上，存在一个外在教育水平与内在教育程度的匹配问题，就是教育水平的衡量背后还有个教育质量的问题。举例而言，七八十年代的大学本科生教育含金量可能与现在的研究生的程度相差不多，那么按照人口统计学指标来对高管教育水平进行划分，是否真的能够反映出高管所具备的思维能力、分析能力和信息处理能力，还是个值得进一步商榷的话题。上文所指的人口统计学不同特征的影响权重也是类似的问题，高管的年龄、教育水平、任期等特征，到底哪一个会对其决策能力与分析能力产生影响，研究此问题也是需要进入到"黑匣子"中去的。所以，深入到"黑匣子"中去进一步研究高管特征与股权激励的交互作用，是很有价值的命题。另外补充说明下，本书使用高管人口统计学特征来作为理论模型中的动因之一，一定程度上是因为直接进行心理测量在可行性上存在一定的局限。除此之外，本研究在高管人口统计学层面上推导与验证高管特征与股权激励对于企业交互影响的存在，也是今后在此基础上深入探讨高管心理及团队运作过程的研究基础与前提。证明了二者之间的交互关系存在，才有可能在后续研究中进一步深入探讨这种关系在心理层面上的作用原理。

第四，管理者权力问题。本研究理论框架主要关注的是高管特征与股权激励二者对于企业绩效的交互影响，没有对二者之间本身所存在的互动关系进行深入研究。所以在理论推导中也是将其直接放入前提假设部分，假设二者之间不存在影响，同时在实证检验中也只是通过对相关数据做中心化处理的方式，来降低自变量之间的多重共线性问题。其实，在高管特征与股权激励的关系上，高管特征除了在股东决策层面上会对股权激励的实施产生形成影响之外，还有一个高管主动出击来影响自身薪酬设计的问题。那么如何在理论上对此做探讨，其实也是一个很有意义的研究命题。对于这个问题，在理论框架搭建的过程中，根据对相关研究的回顾与思考，本书发现有一个可能的切入点来分析这种相互关系，即引入管理者权力的概念。"管理者权力"可以理解为是企业赋予的、能够掌握企业相关的资源的、作出对企业活动产生实际影响的行为的能力。这种能力也会影响到企业对于高管自身的薪酬管理，正如Finkelstein（1992）对管理者权力所做的界定：指企业中的管理者在董事会或薪酬委员制定薪酬决策时施加影响，体现出自己的意愿的一种能力。那么结合本书理论框架，也就是将这个理念运用于高管特征上，即指不同的高管特征会对管理者权力造成影响，而这种影响可能会作用到企业的薪酬管理上，股权激励是薪酬管理的一种，那么也会是所作用的对象之一。比如说任期较长的高管一般有较为深厚的资历，其在薪酬管理中对董事会等制定者施加自身意愿的可能性就大些。从这个意义上来看，股权激励管理从解决代理问题的工具转变成为代理问题的一部分了（Bebchukm, Fried & Walker, 2002）。这种改变所产生的影响会对高管特征与股权激励之间的交互效应产生什么作用，也是一个值得关注的研究方向。

第五，情境因素的深入研究问题。本书研究的关注重点在于交互效应的存在与否，理论探讨方面没有对企业发展的内外环境以及自身机制等的影响作用做过多的分析与探讨，在实证检验中也只是作为控制变量来处理。但企业发展所处环境因素向来是多种研究的前因变量，而本理论所涉及交互作用背后所涵盖的风险规避性偏好问题，使得这些特征的影响会更加强烈。如高科技行业相对其他行业来说，高层管理人员往往有年轻化的特点，更为看重自身职业发展，在此基础上，与企业同步发展的欲望相对较强，有助于长期激励措施发挥出理想作用（黄惠馨、代冰彬，2005；黄之骏，2006）。企业性质也是一个细分研究方向，不同性质公司高管所具有的特点以及面对股权激励的反应，都会有很大差别。有学者研究指出，企业性质的不同会导致高层管理者特征与公司成长性之间的关系产生差异。比如说国有企业高管因任职时会在年龄、教育背景以及任职经验等方面具有体制约束，所以公司成长性与上述个人特征之间的关系都不显著；而对民营企业来说则是业绩导向，高管年龄、背景等特征相对而言表现得更为多元化（徐经长、王胜海，2010）。与此同时，国有企业高管职位所本身带有的控制权收益与政治激励等特点，无疑会对高管面对股权激励的态度与行为产生影响。除此之外，国家股东在企业经营目的的理解上，市场化导向也不强。国家贷款的扶持与多样化融资渠道的优势，使得国家股东在经营绩效方面的压力较小，且经营目的与一般企业也会有所不同，较为复杂些。比如很多国企都肩负有政府角色所承担的社会责任与政策服务等任务，这些国家利益的考虑都使得企业的发展目标未必是商业利益最大化（Vemon，1981）。随之股权激励实施原本是为了解决代理人问题的本质出发点也有可能变了味，股权激励的实施目的就不一样了。这些对于二者关系会产生怎样的影响，也是下一步研究可以关注的方向。

第三节　实践建议

基于研究结果，在管理实践方面本书也给出如下两点建议供探讨：

首先，对于为什么要实施高管股权激励的问题，目前多数企业是从降低代理成本的角度来寻求实施依据，片面地只从利益与风险一致性的角度考虑而轻易接受并承认了股权激励的效用，进而付诸实施。对于股权激励是否真的适用于自己的高层管理团队，以及对自己高管团队激励效应的效果，缺乏足够的思考与研究。根据本书实证检验的结果，说明企业若想实现股权激励的实施效用最大化，必须将本企业高管的特征纳入考虑范畴。企业相关管理人员在具体方案设计过程中，可以在理论研究所得的普遍性规律的基础上，通过深入调研抓出本企业的独特性，如对高管人员对于股权激励实施的意向进行调研，了解其对于股权激励的实际态度与想法。在此基础上，才能更加准确地设计股权激励实施方案，提高薪酬管理的匹配度与实施效果，实现企业绩效提升的目的。

其次，对于我国企业来说，虽然在研究过程中发现高管持股比例的公司数整体表现为增加趋势，但"零持股"现象依然非常普遍，在本研究样本公司中所占比例高达71%。其中在2010年的样本数据里，零持股公司的比例占据45%之多，这些都说明我国企业的高管股权激励运用范围还有限。但就研究检验结果表明，高管持股对于企业绩效是有积极作用的，高管特征对于这种积极作用的影响也只是调节了力度，而不是方向，也就是说，即使不考虑企业高管的特征，股权激励的实施也是有利于企业绩效的，所以，高管股权激励是一种可以接受的薪酬管理方式。除此之外，股权激励的实施也是加强了市场机制在高管薪酬决定中的作用，是对高管努力与业绩表现的客观评价，对高管决策的优劣与管理效果在报酬上作出反馈，从某种程度上而言，股权激励能够帮助企业利用市场手段选择合适的高层管理者，促进企业人职匹配的实现。

参考文献

［1］蔡月锋：《中小企业治理结构与绩效的实证研究——以中小企业板为例》，《上海商学院学报》2006年第4期。

［2］曹志来、钱勇：《中国零售业上市公司高层管理团队传记性特征对企业绩效的影响》，《财贸经济》2008年第1期。

［3］曾繁英：《经理人激励契约：市场业绩基础与会计业绩基础的融合》，《暨南学报》2008年第2期。

［4］陈丹、刘杰琼：《中小企业股权集中度、高管激励和公司绩效相关性研究》，《东岳论丛》2010年第11期。

［5］陈冬华、陈信元、万华林：《国有企业中的薪酬管制与在职消费》，《经济研究》2005年第2期。

［6］陈守明、李杰：《基于高层管理团队人口特征的实证研究综述》，《经济论坛》2009年第6期。

［7］陈伟民：《高管层团队人口特征与公司业绩关系的实证研究》，《南京邮电大学学报》（社会科学版）2007年第1期。

［8］陈晓红、张泽京、曾江洪：《中国中小上市公司高管素质与公司成长性的实证研究》，《管理现代化》2006年第3期。

［9］陈晓萍、徐淑英、樊景立：《组织与管理研究的实证方法》，北京大学出版社2008年版。

［10］陈勇、廖冠民、王霆：《我国上市公司股权激励效应的实证分析》，《管理世界》2005年第2期。

［11］陈忠卫、常极：《高管团队异质性、集体创新能力与公司绩效关系的实证研究》，《软科学》2009年第9期。

［12］谌新民、刘善敏：《上市公司经营者报酬结构性差异的实证研究》，《经济研究》2003年第8期。

［13］杜胜利、翟艳玲：《总经理年度报酬决定因素的实证分析——以我国上市公司为例》，《管理世界》2005 年第 8 期。

［14］杜志雄、苑鹏、包宗顺：《乡镇企业产权改革、所有制结构及职工参与问题研究》，《管理世界》2004 年第 1 期。

［15］樊炳清：《上市公司经营者薪酬激励现状与对策建议》，《理论月刊》2002 年第 11 期。

［16］富萍萍、Farr, J. L. 等：《高新技术企业中的高层管理团队的特征和过程》，徐淑英、刘忠明主编：《中国企业管理的前沿研究》，北京大学出版社 2004 年版。

［17］高明华：《中国企业经营者行为内部制衡与经营绩效的相关性分析》，《南开管理评论》2001 年第 5 期。

［18］巩娜：《上市公司管理者股权激励研究》，吉林大学，2009 年。

［19］古家军、胡蓓：《企业高层管理团队特征异质性对战略决策的影响——基于中国民营企业的实证研究》，《管理工程学报》2008 年第 3 期。

［20］顾斌、周立烨：《我国上市公司股权激励实施效果的研究》，《会计研究》2007 年第 2 期。

［21］何进日、姜莉：《行业竞争性视角下股权集中度对公司绩效的影响》，《湖南商学院学报》2010 年第 10 期。

［22］贺家铁：《上市公司高级管理层激励组合研究》，湖南大学工商管理学院，2006 年。

［23］贺远琼、杨文：《高管团队特征与企业多元化战略关系的 Meta 分析》，《管理学报》2010 年第 1 期。

［24］贺远琼、田志龙：《外部利益相关者对企业规范化行为的影响研究》，《华东经济管理》2005 年第 11 期。

［25］贺远琼、杨文、陈昀：《基于 Meta 分析的高管团队特征与企业绩效关系研究》，《软科学》2009 年第 23 卷第 1 期。

［26］胡阳、刘志远、任美琴：《设计有效的经营者持股激励机制——基于中国上市公司的实证研究》，《南开管理评论》2006 年第 9 卷第 5 期。

［27］华锦阳：《公司治理与公司绩效》，上海财经大学出版社 2003 年版。

［28］黄晓飞、井润田：《我国上市公司的实证研究：股权结构和高层
梯队与公司绩效的关系》，《管理学报》2006 年第 3 卷第 3 期。

［29］黄之骏：《经营者股权激励与企业价值——基于内生性视角的理
论分析与经验证据》，暨南大学，2006 年。

［30］焦长勇、项保华：《企业高层管理团队特性及构建研究》，《自然
辩证法通讯》2003 年第 2 期。

［31］柯江林、张必武、孙健敏：《上市公司总经理更换、高管团队重
组与企业绩效改进》，《南开管理评论》2007 年第 10 卷第 4 期。

［32］李华晶、张玉利：《高管团队特征与企业创新关系的实证研
究——以科技型中小企业为例》，《商业经济与管理》2006 年第 5 期。

［33］李焕荣：《高层管理团队领导特质与公司国际化关系实证研究》，
《科技进步与对策》2009 年第 26 卷第 16 期。

［34］李江波、赵俐佳：《高级管理层薪酬与公司绩效的实证研究——
基于中小企业板公司 2006—2008 年面板数据分析》，《云南财经大学
学报》2010 年第 2 期。

［35］李金早、许晓明：《CEO 任期与企业绩效的关系机理探讨》，《软
科学》2008 年第 22 卷第 12 期。

［36］李义超：《中国上市公司资本结构研究》，浙江大学，2001 年。

［37］李义超、杨耀威：《影响股权激励方案通过因素的研究——基于
中国上市公司数据的实证分析》，《哈尔滨商业大学学报》2010 年第
6 期。

［38］李增泉：《激励机制与企业绩效——一项基于上市公司的实证研
究》，《会计研究》2000 年第 1 期。

［39］林晓婉、车宏生、朱敏：《关于中国上市公司经营者持股情况的
研究》，《南开管理评论》2002 年第 5 卷第 4 期。

［40］刘保平、陈建华：《高管社会资本：高管团队人口特征绩效研究
新进展》，《企业活力》2010 年第 7 期。

［41］刘翀、吴菁：《中小企业板上市公司高管持股比例与经营绩效》，
《财经界》2006 年第 10 期。

［42］刘国亮、王加胜：《上市公司股权结构、激励制度及绩效的实证
研究》，《经济理论与经济管理》2000 年第 5 期。

［43］刘树林、唐均：《差异性、相似性和受教育背景对高层管理团队

影响的国外研究综述》，《管理工程学报》2004 年第 2 期。

[44] 刘学：《"空降兵"与原管理团队的冲突及对企业绩效的影响》，《管理世界》2003 年第 6 卷第 6 期。

[45] 刘运国、刘雯：《我国上市公司的高管任期与 R&D 支出》，《管理世界》2007 年第 1 期。

[46] 刘长才：《上市公司高管持股与经营绩效的实证研究》，《山东经济》2005 年第 5 期。

[47] 卢馨、陈睿：《经理人股权激励文献综述》，《财会通讯》2010 年第 11 期。

[48] 吕长江、赵宇恒：《国有企业管理者激励效应研究——基于管理者权力的解释》，《管理世界》2008 年第 11 期。

[49] 吕长江、郑慧莲、严明珠、许静静：《上市公司股权激励制度设计：是激励还是福利?》，《管理世界》2009 年第 9 期。

[50] 马富萍、郭晓川：《高管团队异质性对技术创新绩效的影响研究——高管团队冲突处理方式的调节作用》，《内蒙古大学学报》2010 年第 11 期。

[51] 马富萍、郭晓川：《高管团队异质性与技术创新绩效的关系研究——以高管团队行为整合为调节变量》，《科学学与科学技术管理》2010 年第 12 期。

[52] 牛建波：《董事会特征、股权结构与总经理长期激励——来自中国证券市场的证据》，《中国第三届实证会计国际研讨会论文集》2004 年。

[53] 任颋、王峥：《女性参与高管团队对企业绩效的影响：基于中国民营企业的实证研究》，《南开管理评论》2010 年第 5 期。

[54] 闪烁、芦慧：《浅探高管特征对组织绩效影响程度的三个调节变量》，《科学学与科学技术管理》2007 年第 10 期。

[55] 孙海法、姚振华、严茂胜：《高管团队人口统计特征对纺织和信息技术公司经营绩效的影响》，《南开管理评论》2006 年第 6 期。

[56] 孙海法、伍晓奕：《企业高层管理团队研究的进展》，《管理科学学报》2003 年第 8 期。

[57] 孙永祥、黄祖辉：《上市公司的股权结构与绩效》，《经济研究》1999 年第 12 期。

［58］童晶骏：《关于我国上市公司股权激励效应的实证分析》，《理论探讨》2003 年第 5 期。

［59］王华、黄之骏：《经营者股权激励、董事会组成与企业价值——基于内生性视角的经验分析》，《管理世界》2006 年第 9 期。

［60］王君：《基于超产权理论的中国企业股权激励敏感性研究》，吉林大学，2010 年。

［61］王瑛、官建成、马宁：《我国企业高层管理者、创新策略与企业绩效之间的关系研究》，《管理工程学报》2003 年第 1 期。

［62］王颖：《企业经营者人力资本构成与企业绩效的关系》，《统计与决策》2004 年第 12 期。

［63］魏刚：《高级管理层激励与上市公司经营绩效》，《经济研究》2000 年第 3 期。

［64］魏立群、王智慧：《我国上市公司高管特征与企业绩效的实证研究》，《南开管理评论》2002 年第 4 期。

［65］温忠麟、侯杰泰、马什赫伯特：《潜变量交互效应分析方法》，《心理科学进展》2003 年第 11 卷第 5 期。

［66］吴剑峰、胡晓敏：《中国上市公司的国际化倾向研究——基于高管团队和代理理论的实证分析》，《科学决策》2010 年第 5 期。

［67］吴敬琏：《股票期权激励与公司治理》，《经济管理文摘》2002 年第 6 期。

［68］肖璐：《高管团队信任对组织绩效的影响：团队冲突的中介作用》，《经济研究导刊》2010 年第 6 期。

［69］肖星、王琨：《证券投资基金：投资者还是投机者》，《中国第三届实证会计国际研讨会论文集》2004 年。

［70］徐经长、王胜海：《核心高管特征与公司成长性关系研究——基于中国沪深两市上市公司数据的经验研究》，《经济理论与经济管理》2010 年第 6 期。

［71］徐细雄、万迪昉、淦未宇：《TMT 构成对组织产出影响的国外研究进展及对我国国企改革中高管团队构建的启示》，《管理工程学报》2007 年第 4 期。

［72］许承明、濮卫东：《内部人持股与上市公司绩效研究》，《数量经济技术经济研究》2003 年第 11 期。

[73] 许晓明、李金早：《CEO 任期与企业绩效关系模型探讨》，《外国经济与管理》2007 年第 29 卷第 8 期。

[74] 杨小凯、黄有光：《专业化与经济组织》，经济科学出版社 1999 年版。

[75] 姚振华、孙海法：《高管团队组成特征与行为整合关系研究》，《南开管理评论》2010 年第 13 卷第 1 期。

[76] 于东智、谷立日：《上市公司管理层持股的激励效用及影响因素》，《经济理论与经济管理》2001 年第 9 期。

[77] 于东智、池国华：《董事会规模、稳定性与公司绩效：理论与经验分析》，《经济研究》2004 年第 4 期。

[78] 于海波、方俐洛、凌文轮：《组织研究中的多层面问题》，《心理科学进展》2004 年第 12 卷第 2 期。

[79] 俞兰平、周建龙：《上市批发零售企业高管持股与企业绩效实证分析》，《财会通讯》2010 年第 4 期。

[80] 袁国良：《上市公司股权激励的实证分析及相关问题》，《中国资本市场前沿理论研究文集》，社会科学文献出版社 1999 年版。

[81] 张必武、石金涛：《国外高管团队人口特征与企业绩效关系研究新进展》，《外国经济与管理》2005 年第 6 期。

[82] 张慧、安同良：《中国上市公司董事会学历分布与公司绩效的实证分析》，《经济科学》2005 年第 5 期。

[83] 张俊瑞等：《高级管理层激励与上市公司经营绩效相关性的实证分析》，《会计研究》2003 年第 9 期。

[84] 张龙、刘洪：《高管团队中垂直对人口特征差异对高管离职的影响》，《管理世界》2009 年第 4 期。

[85] 张平：《动态竞争环境下高层管理团队异质性与企业绩效》，《科技管理研究》2006 年第 9 期。

[86] 张平：《高层管理团队的异质性与企业绩效的实证研究》，《管理学报》2007 年第 4 期。

[87] 张维迎：《企业的企业家——契约理论》，上海人民出版社 1995 年版。

[88] 张小林、王重鸣：《群体绩效和团队效能研究的新进展》，《应用心理学》1997 年第 3 卷第 2 期。

［89］张湛彬：《股票期权与国有企业激励制度》，辽海出版社 2002 年版。

［90］赵睿：《高管薪酬和团队特征对企业绩效的影响机制研究》，《中国社会科学院研究生院学报》2010 年第 6 期。

［91］赵艺苑：《股票期权在中国上市公司的适用性研究》，《南京理工大学学报》（社会科学版）2005 年第 6 期。

［92］《中国企业经营者激励约束机制及有关政策研究》课题组：《关于在我国建立企业经营者股票期权激励制度的看法及建议》，《管理世界》2002 年第 7 期。

［93］周建波、孙菊生：《经营者股权激励的治理效应研究——来自中国上市公司的经验证据》，《经济研究》2003 年第 5 期。

［94］周绍妮：《管理层股权激励对股东利益影响研究》，北京交通大学，2009 年。

［95］周业安：《金融抑制对中国企业融资能力影响的实证研究》，《经济研究》1999 年第 2 期。

［96］周禹：《中国企业人力资源管理多模式兼容的有效性研究——基于人力资源管理差异化视角的实证检验》，中国人民大学博士论文，2009 年。

［97］朱克江：《经营者薪酬激励制度研究》，中国经济出版社 2002 年版。

［98］Agle, B. R. , Nagarajan, N. J. , Sonnenfeld, J. A. , Srinivasan, D. (2006) Does CEO charisma matter? An empirical analysis of the relationships among organizational performance, environmental uncertainty, and top management team perceptions of CEO charisma［J］. Academy of Management, 2006, 49：161 – 174.

［99］Agrawal, A. , Knober, C. (1996) Firm Performance and Mechanisms to Control Agency Problems between Managers and Shareholders［J］. Journal of Financial and Quantitative Analysis, 31：377 – 398.

［100］Aiken, L. S. & West, S. G. (1991) Multiple regression：Testing and interpreting interaction［M］. CA：Sage. Newbury Park.

［101］Alchian A. , Demsetz H. (1972). Production, Information Cost and Economic Organization［J］. American Economic Review, 62：777 – 795.

[102] Allen, M. P. (1981) Managerial Power and Tenure in the Large Corporation [J]. Social Forces, 60 : pp. 482 – 494.

[103] Allison P. (1978) Measures of inequality [J]. American Sociological Review, 43 (4): 865 – 880.

[104] Bushee, B. J. (1998) The influence of institutional investors on myopic R&D investment behavior [J]. Accounting Review, 73 (3). Availableat SSRN: http: //ssrn. com/abstract = 143834.

[105] Bantel, K. A. & Jackson, S. E. (1989) Top management and innovations in banking: does the composition of the top team make a difference? [J]. Strategic Management Journal, Summer Special Issue, 10: 107 – 124.

[106] Bellante, D. , Green, C. A. (2004) Relative Risk Aversion among the Elderly [J]. Review of Financial Economics, 13 (3): 269 – 281.

[107] Bergh, D. D. (2001) Executive Retention and Acquisition Outcomes: A Test of Opposing Views on the Influence of Organizational Tenure [J]. Journal of Management, 27 (5): 603 – 622.

[108] Berle, A. A. & Gardiner, C. M. (1932) The Modern Corporation and Private Property [M]. New York: Commerce Clearing House, Inc.

[109] Bhagat, S, & Welch. (1995) Corporate Research & Development Investments, International Comparisons [J]. Journal of Accounting and Economics, (19) : 443 – 470.

[110] Blau, P. M. (1977) Inequality and heterogeneity [M]. New York: Free Press.

[111] Boeker, W. (1997) Strategic change: The influence of managerial characteristics and organizational growth [J]. Academy of Management Journal, 40 (1): 152 – 170.

[112] Boone, C. , Van, O. W & Van, W. A. (2004) The genesis of top management team diversity: selective turnover among top management teams in Dutch newspaper publishing, 1970 – 1994 [J]. Academy of Management Journal, 47 (5): 633 – 656.

[113] Bresser, R. K. & Bishop, R. C. (1983) Dysfunctional Effects of Formal Planning: Two Theoretical Explanations [J]. Academy of Manage-

ment Review, 8: 588 – 599.

[114] Brian J. , hall, Jeffrey B. , Libman. (1998) Are Executives' Really Paid Like Bureaucrats? The Quarterly Journal of Economics, 8: 653 – 691.

[115] Bunderson, J. S. & Sutcliffe, K. M. (2002) Comparing alternative conceptualizations of functional diversity in management teams: process and performance effects. [J]. , Academy of Management Journal, Vol. 45, No. 5, 875 – 893.

[116] Bushman, R. M. & Smith. (2001) Financial Accounting Information and Corporate Governance [J]. JAE Rochester Conference April 2000. Available at SSRN: http: //ssrn. com/abstract = 253302 or doi: 10. 2139/ssrn. 253302.

[117] Bushman, R. M. & Smith, A. J. (2003) Transparency, Financial Accounting Information, and Corpoate Governance [J]. Federal Reserve Bank of New York Economics Policy Review 9, No. 1: 65 – 87.

[118] Cannella, A. A. (2001) Upper echelons: Donald Hambrick on executives and strategy [J]. Academy of Management Executive, 15 (3): 36 – 44.

[119] Carlsson, D & Karlsson, K. (1963) Age, Cohorts and the Generation of Generations [J]. American Sociological Review, 5 (7): 55 – 61.

[120] Carlsson, G. & Karlsson, K. (1970) Age cohorts and the generation of generations [J]. American Sociological Review, 35: 710 – 718.

[121] Carpenter, M. A. & Fredrickson, J. W. (2001) Top management teams, global strategic posture, and the moderating role of uncertainty. [J]. Academy of Management Journal, 44 (3): 533 – 545.

[122] Carpenter, M. A. , Geletkanycz, M. A. , & Sanders, W. G. (2004). Upper echelons research revisited: antecedents, elements, and consequences of top management team composition [J]. Journal of Management, 30 (6): 749 – 778.

[123] Carpenter, M. A. (2002) The implications of strategy and social context for the relationship between top management team heterogeneity and firm performance [J]. Strategic Management Journal, 23 (3): 275 – 284.

[124] Carpenter, M. A. , Geletkanycz, M. A. & Sanders, W. G. (2004) Upper echelons research revisited: antecedents, elements, and consequences of top management team composition [J]. Journal of Management, 30 (6): 749 – 778.

[125] Carpenter, M. A. , Sanders, W. M. & Gregersen, H. B. (2001) Human Capital with Organizational Context: The Impact of International Assignment Experience on Multinational Firm Performance and CEO Pay [J]. Academy of Management Journal, 44 (3): 493 – 511.

[126] Certo, S. T. , Lester, R. H. , Dalton, C. M. , & Dalton, D. R. (2006) Top Management Teams, Strategy and Financial Performance: A Meta-analytic Examination [J]. Journal of Management Studies, 43 (4): 813 – 839.

[127] Chaganti, R. & Sambharya, R. (1986) Strategic orientation and upper echelon characteristics [J]. Academy of Management, 43: 1 – 6.

[128] Chatterjee, A. & Hambrick, D. C. (2007) It's all about me: narcissistic CEOs and their effects on company strategy and performance [J]. Administrative Science Quarterly 52 (3): 351 – 386.

[129] Child, J. (1974) Managerial and Organizational Factors Associated with Company Performance [J]. Journal of Management Study, (11) : 13 – 27.

[130] Cho, T. S. & Hambrick, D. C. (2006) Attention as the mediator between top management team characteristics and strategic change: the case of airline deregulation [J]. Organization Science, 17 (4): 453 – 469.

[131] Cho, T. S. & Hambrick, D. C. (2006) Attention as the mediator between top management team characteristics and strategic change: The case of airline deregulation [J]. Organization Science, 17 (4): 453 – 469.

[132] Coase, R. H. (1937) The Nature of the Firm [J]. Economics, New Series: 16: 386 – 405.

[133] Cohen, S. G. & Bailey, D. E. (1997) What makes teamwork: Group effectiveness research from the shop floor to the executive suite [J]. Journal of Management, 23 (3): 239 – 290.

[134] Cohen, W. M. & Levin, R. (1989) Empirical studies of innovation

and market structure [M]. Handbook of Industrial Organization, (2): 1059 – 1107.

[135] Coles, J. L., Daniel, N. D., & Naveen, L. (2006) Managerial incentives and risk-taking [J]. Journal of Financial Economics, 79 (2): 431 – 468.

[136] Collins, C. J. & Clark, K. D. (2003) Strategic human resource practice, top management team social networks, and firm performance: The role of human resource practices in creative organizational competitive advantage [J]. Academy of Management Journal, (46) : 720 – 731.

[137] Core, J. E. & Guay, W. (1999) The use of equity grants to manage optimal equity incentive levels [J]. Journal of Accounting and Economics, 28: 151 – 184.

[138] Crossland, C. & Hambrick, D. C. (2007) How national systems differ in their constraint son corporate executives: A study of CEO effects in three countries [J]. Strategic Management Journal, 28 (8): 767 – 789.

[139] Cui, Huimin & Mak, Y. T. (2002) The Relationship between Managerial Ownership and Firm Performance in High R&D Firms [J]. Journal of Corporate Finance, 8: 313 – 336.

[140] Cyert, R. M. & March, J. G. (1963) A behavioral theory of the firm [M]. Englewood Cliffs, NJ: Prentice Hall, 68 – 72.

[141] Datta, D., Rajagopalan, N. & Zhang, Y. (2003) New CEO openness to change and strategic persistence: the moderating role of industry characteristics [J]. British Journal of Management, 14 (01): 145 – 153.

[142] Davies, J. R., David, Hillier, Patrick & Mccolgan. (2005) Ownership Structure, Managerial Behavior and Corporate Value [J]. Journal of Corporate Finance, 11: 645 – 660.

[143] Dechow, P. M., & Sloan, R. G. (1991) Executive Incentives and the Horizon Problem. [J]. Journal of Accountancy, 14 (2) : 51 – 89.

[144] Dechow, Patricia, M. & Richard, G. S. (1991) Executive Incentives and the Horizon Problem [J]. Journal of Accounting and Economics,

Vol. 14, pp. 51 –89.

[145] Demsetz, H. & Lehn, K. (1985) The structure of corporate owner-ship: causes and consequences [J]. Journal of Political Economy, 93: 1155 – 1177.

[146] Denis, D. J. , Hanouna, P. & Sarin, A. (2006) Is there a dark side to incentive compensation? [J]. Journal of Corporate Finance 12 (3): 467 –488.

[147] Devers, C. E. , Cannella, A. A. , Reilly, G. P. & Yoder ME. (2007) Executive compensation: a multidisciplinary review of recent devel-opments [J]. Journal of Management 33 (6): 1016 – 1072.

[148] Dutton, J. & Duncan, R. (1987) The creation of momentum for change through the process of strategic issue diagnosis [J]. Strategy Man-agement Journal, 8: 279 – 296.

[149] Ely, K. M. (1991) Interindustry Differences in the Relation between Compensation and Firm Performance Variables [J]. Journal of Accounting Research, 29: 37 – 58.

[150] Ensley, M. D. , Pearson, A. W. & Amason, A. C. (2002) Un-derstanding the Dynamics of New Venture Top Management Teams Cohe-sion, Conflict, and New Venture Performance [J]. Journal of Business Venturing, 17 (4): 365 – 386.

[151] Fama, E. & Jensen, M. (1983) Separation of Ownership and Con-trol. Journal of Law & Economics, 26 (2): 301 – 326.

[152] Ferrier, W. J. (2001) Navigating the competitive landscape: the drivers and consequences of competitive aggressiveness [J]. Academy of Management Journal, 44 (4): 858 – 877.

[153] Finkelstein, S. & Boyd, B. K. (1998) How much does the CEO matter? The role of managerial discretion in the setting of CEO compensa-tion. [J]. Academy of Management Journal 41 (2): 179 – 199.

[154] Finkelstein, S. & Hambrick, D. C. Strategic Leadership [M]. NM: West Publishing Company, 1996.

[155] Finkelstein, S, Hambrick, D. C. & Cannella, A. A. (2009) Stra-tegic Leadership: Theory and Research on Executives, Top Management

Teams, and Boards. Oxford University Press: New York.

[156] Finkelstein, S. & Hambrick, D. C. (1988) Chief executive compensation: a synthesis and reconciliation [J]. Strategic Management Journal, 9 (6): 543 – 558.

[157] Finkelstein, S. & Hambrick, D, C. (1990) Top-management team tenure and organizational outcomes: the moderating role of managerial discretion. [J]. Administrative Science Quarterly, 35 (3): 484 – 503.

[158] Finkelstein, S. & Hambrick, D. C. (1996) Strategic Leadership: Top Executives and Their Effects on Organizations [M]. West: St. Paul, MN.

[159] Frye, M. B. (2004) Equity-Based Compensation for Employees: Firm Performance and Determinants [J]. The Journal of Financial Research, 27: 31 – 54.

[160] Geletkanycz M. A. (1997) The salience of culture's consequences: the effects of cultural values on top executive commitment to the status quo [J]. Strategic Management Journal, 18 (8): 615 – 634.

[161] George, G. W., Kiklund, J. & Zahra, S. A. (2005) Ownership and the Internationalization of Small Firms [J]. Journal of Management, 31 (2): 210 – 233.

[162] Gerhart, B. & Rynes, S. L. (2003) Compensation: Theory, Evidence, and Strategic Implications [M]. Sage: Thousand Oaks, CA.

[163] Gerhart, B. & Milkovich, G. (1990) Organizational differences in managerial compensation and financial performance [J]. Academy of Management Journal, 33 (4): 663 – 691.

[164] Ghoshal, S. (2005) Bad management theories are destroying good management practices [J]. Academy of Management Learning and Education 4 (1): 75 – 91.

[165] Gibbons, R. & Murphy, K. (1999) Optimal incentive contracts in the presence of career concerns: Theory and evidence [J]. The Journal of Political Economy, 100: 468 – 505.

[166] Glunk, U., Heijltjes, M. G. & Olie, R. (2001) Design characteristics and functioning of top management teams in Europe [J]. Europe

Management Journal, 19 (3): 291 – 300.

[167] Greening, D. W. & Johnson, R. A. (1996) Do Managers and Strategies Matter? A Study in Crisis [J]. Journal of Management Studies, 33: 25 – 31.

[168] Greening, D. & Johnson, R. (1997) Managing industrial and organization crises [J]. Business and Society, 36: 334 – 361.

[169] Grimm, C. & Smith, K. G. (1991) Management and organizational change: A note on the railroad industry [J]. Strategic Management Journal, 12: 557 – 562.

[170] Gupta, A. K. (1988) "Contingency Perspectives in Strategic Leadership", in D. C. Hambrick (ed.), The Executive Effect: Concepts and Methods for Studying Top Managers, Greenwich, CT: JAI Press: 141 – 178.

[171] Haleblian. J. & Finkelstein, S. (1993) Top management team size, CEO dominance, and firm performance: The moderating roles of environmental turbulence and discretion [J]. Academy of Management Journal, 36 (4) : 844 – 863.

[172] Hall. B. , & Liebman, J. (1998) Are CEOs really paid like bureaucrats? [J]. The Quarterly Journal of Economics, 103, 653 – 691.

[173] Hambrick. D. C. , Cho, T. S. & Chen, M. (1996) The influence of top management team heterogeneity on firm's competitive moves [J]. Administrative Science Quarterly, 41: 658 – 684.

[174] Hambrick, D. C, & Fukutomi, G. D. (1991) The seasons of a CEO's tenure [J]. Academy of Management Review 16 (4): 719 – 742.

[175] Hambrick, D. C, & Snow, C. C. (1989) Strategic reward systems. In Strategy, Organization Design, and Human Resource Management, Snow CC (ed). JAI Press: Greenwich, CT; 333 – 368.

[176] Hambrick, D. C. , & Aveni, R. D. (1992) Top management team deterioration as part of the downward spiral of large corporate bankruptcies [J]. Management Science, 38: 1445 – 1466.

[177] Hambrick, D. C. , Finkelstein, S. & Mooney, A. (2005) Executive job demands: New insights for explaining strategic decisions and leader be-

haviors [J]. Academy of Management Review, 30: 472 – 491.

[178] Hambrick, D. C., Finkelstein, S., Cho, T. S. & Jackson, E. M. (2005) Isomorphism in reverse: Institutional theory as an explanation for recent increases in intra-industry heterogeneity and managerial discretion. [J]. Research in Organizational Behavior, 26: 307 – 350.

[179] Hambrick, D. C., Cho, T. S., & Chen, M. (1996) The influence of top management team heterogeneity on firm s competitive moves [J]. Administrative Science Quarterly, 41: 659 – 684.

[180] Hambrick, D. C & Abrahamson, E. (1995) Assessing managerial discretion across industries: a multi-method approach [J]. Academy of Management Journal, Vol. 38, No. 5, 1427 – 1441.

[181] Hambrick, D. C (1984) Upper Echelons The Organization as a Reflection of Its Top Managers [J]. Academy of Management Review, Vol. 9, No. 2, 193 – 206.

[182] Hambrick, D. C. (2007) Upper echelons theory: an update. Academy of Management Review, Vol. 32, No. 2, 334 – 343.

[183] Hambrick, D. C. & Fukutomi, G. D. S (1991) The Seasons of a CEO'B Tenure [J]. Academy of Management Review, 16 (4): 719 – 742.

[184] Harhoff, D. (1999) Innovation objectives, managerial education and firm performance: an exploratory analysis [J]. The dynamics of innovation. Springer, 45: 122 – 131.

[185] Harley, E. Ryan, Jr, & Roy A. Niggins. (2002) The Interactions Between R&D Investment Decisions and Compensation Policy [J]. Financial Management, 33: 5 – 29.

[186] Harris, J. & Bromiley, P. (2007) Incentives to cheat: the influence of executive compensation and firm performance on financial misrepresentation [J]. Organization Science, 18 (3): 350 – 367.

[187] Harris, R. G. (1979) The potential effects of deregulation upon corporate structure, merge hehavior, and organizational relations in the rail freight industry [M]. Washington, D. C.: Public Interest Economics Center.

［188］ Harrison, D. A. , Price. K. H, & Bell, M. P. （1998） Beyond rela-tional demography: time and the effects of surface-and deep-level diversity on work group cohesion ［J］. Academy of Management Journal, Vol. 41, No. 1, 96 - 107.

［189］ Henderson, A. D. , Miller, D. & Hambrick, D. C. （2006） How quickly do CEOs become obsolete? Industry dynamism, CEO tenure, and company performance ［J］. Strategic Management Journal, 27 （5）: 447 - 460.

［190］ Hermalin, B. E. Michael, S. & Weisbach, （1991） The Effects of Board Composition and Direct Incentives on Firm Performance ［J］. Finan-cial Management, 20: 101 - 112.

［191］ Herrmann, B. （1999） Sexueller Kindesmißbrauch: Bedeutung und Stellenwert der medizinischen Diagnostik ［Child sexual abuse: significance and role of medical diagnosis］ Korasion 14: 25 - 30.

［192］ Himmelberg, C. P. , Hubbard, R. G. & Palia, D. （1999） Under-standing the Determinants of Managerial Ownership and the Link between Ownership and Performance ［J］. Journal of financial economics, 53: 353 - 384.

［193］ Holderness, C. G. & Sheehan, D. P. （1988） The Role of Majority Shareholders in Publicly held Corporations: An Exploratory Analysis ［J］. Journal of Financial Economics, 20: 317 - 346.

［194］ Jensen, M. & Zajac, E. （2004） Corporate elites and corporate strat-egy: how demographic preferences and structural differences shape the scope of the firm ［J］. Strategic Management Journal, 25 （6）: 507 - 524.

［195］ Jensen, M. C. & Meckling, W. （1976） Theory of the firm: manage-rial behavior, agency costs and ownership structure ［J］. Journal of Finan-cial Economics 3 （4）: 305 - 360.

［196］ Jensen, M. C. , & Murphy, K. J. （1990） Performance pay and top-management incentives ［J］. Journal of Political Economy, 98: 225 - 264.

［197］ Jensen, Mj. , & Zajac, E. J. （2004） Corporate Elites and Corporate Strategy: How Demographic Preferences and Structural Position Shape the

Scope of the Firm. [J]. Strategic Management Journal, 25 (6): 507 – 524.

[198] Jensen, M. & Meckling, W. (1976) Theory of the Firm: Managerial Behavior, Agency Cost, and Ownership Structure [J]. Journal of Financial Economics, 3: 305 – 360.

[199] Judge, T. A. & Ilies, R. (2002) Relationship of personality to performance motivation: a meta-analytic review. [J]. Journal of Applied Psychology 87 (4): 797 – 807.

[200] Katz R. (1982) The effects of group longevity on project communication and performance [J]. Administrative Science Quarterly, 27: 81 – 104.

[201] Kedia, S. & Mozumdar, A. (2002) Performance impact of employee stock options [J/OL] Harvard Business School, 3 – 25.

[202] Kevin, D. & Clark. (2005) Top management team social networks and organizational innovation: an information theory explanation of TMT value creation [J]. Administrative Science Quarterly, 50 (3): 320 – 341.

[203] Kilduff, M. & Angelmar R. (2000) Top management team diversity and firm performance: Examining the role of cognitions [J]. Organization Science, 11 (1): 21 – 34.

[204] Konstantinos & Tzioumis. (2008) Why Do Firms Adopt CEO Stock Options? Evidence from the United State [J]. Journal of Economic Behavior & Organization, Vol. 68, pp. 100 – 111.

[205] Kor, Y. T. (2003) Experience-based top management team competence and sustained growth [J]. Organization Science, 14 (6): 707 – 719.

[206] Krishnan, H. A. & Park. D. (1998) Effects of Top Management Team Change on Performance in Downsized US Companies. [J]. Management International Review, 38 (4): 112 – 130.

[207] Lawrence, B. S. (1997) The black box of organizational demography [J]. Organization Science, 8: 1 – 22.

[208] Lazear, E. (2004) Output-based Pay: Incentives, Retention or Sorting? [J]. Research in Labor Economics, Vol. 23: 1 – 25.

［209］Lazear, E. (1981) Agency , Earnings Profiles, Productivity and Hours Restrictions, American Economic Review, 71: 606 - 620.

［210］Lee, J. , Bae, Z. & Choi, D. (1988) Technology Development Processes: A Model for a Developing Country with a Global Perspective. [J]. R&D Management, 18 (3): 235 - 250.

［211］Leland, H. E. & Pyle, D. H. (1977) Informational Asymmetries, Financial Structure, and Financial Intermediation [J]. The Journal of Finance, 32: 371 - 387.

［212］Li, J. Xin, K. R. & Tsui, A. et al. (1999) Building effective international joint venture leadership teams in China [J]. Journal of World Business, 34 (1): 52 - 61.

［213］Lieberson, S. O & 'Connor, J. F. (1972) Leadership and organizational performance: A study of large corporations [J]. American Sociological Review, Vol. 37, No. 2: 117 - 120.

［214］Lloyd, W. P. , Jahera, J. S. &. Goldstein, J. R. (1986) The relationship between returns, ownership structure, and market value [J]. Journal of Financial Research 9: 171 - 177.

［215］Mak, Y. T &. , Yuan, L. I. (2001) Determinants of Corporate Ownership and Board Structure: Evidence from Singapore [J]. Journal of Corporate Finance, 7: 235 - 256.

［216］Martha, L. M &, Joseph, J. D. (2000) Global leaders are team players: developing global leaders through membership on global teams [J]. Human Resource Management, 39 (2 - 3): 195 - 208.

［217］McConnell, J. J. & Servaes, H. (1990) Additional evidence on equity ownership and corporate value [J]. Journal of Financial Economics, 27: 595 - 612.

［218］McGrath, J. (1984) Groups: Interaction and Performance [M]. NJ: Prentice Hall.

［219］Mehran, H. (1995) Executive Compensation Structure, Ownership, and Finance Performance [J]. Journal of Financial Economics, (38): 163 - 184.

［220］Michel, J. G. & Hambrick, D. C. (1992) Diversification posture and the characteristics of the top management team [J]. Academy of Management Journal, 35: 9 – 37.

[221] Miller D. (1991) Stale in the saddle: CEO tenure and the match between organization and the environment [J]. Management Journal, 37 (1): 34 – 54.

[222] Miller, C. C., Burke, L. M. & Glick, W. H. (1998) Cognitive diversity among upper-echelon executives executives: implications for strategic decision processes [J]. Strategic Management Journal, Vol. 19, 39 – 58.

[223] Miller, D. (1991) Stale in the Saddle: CEO Tenure and the Match between Organization and Environment [J]. Management Science, 37: 34 – 52.

[224] Morck, R., Shleifer, A. & Vishny, R. (1988) Management ownership and market valuation: an empirical analysis [J]. Journal of Financial Economics, 20: 293 – 315.

[225] Murphy, K. J. (1999) Executive Compensation. In: O. A shenfelter and D. Card (eds.) [M]. Handbook of Labor Economics, Vol. 3, Amsterdam: North-Holland.

[226] Murphy, Kevin J. & Jerold L. Zimmerman. (1993) Financial Performance Surrounding CEO Turnover [J]. Journal of Accounting and Economics, Vol. 16, 273 – 315.

[227] Murray, A. (1989) Top management group heterogeneity and firm performance [J]. Strategic Management Journal, 10: 125 – 141.

[228] Neal, M. A, shkanasy, Charmine, E. J. Hartel, Catherine, Daus, S. (2002) Diversity and emotion: The New Frontiers in Organizational Behavior Research [J]. Journal of Management, 8 (3): 307 – 332.

[229] O'Reilly, C. A., Snyder, R. C. & Boothe, N. (2005) Executive team demography, organizational innovation, and firm performance, Working paper, U. C., Berkeley.

[230] O'Reilly, C. A, & Snyder, J. Boothe. (1993) Effects of executive team demography on organizational change. [J]. Organizational change and Redesign. 147 – 175.

[231] Olson, B. J. Parayitam, S. & Twigg, N. W. (2006) Mediating

Role of Strategic Choice between Top Management Team Diversity and Firm Performance: Upper Echelons Theory Revisited [J]. Journal of Business and Management, Vol. 12, No. 2: 111 – 126.

[232] Pappas, J. M. & Flaherty , K. E. (2006) The moderating role of individual-difference variables in compensation research [J]. Journal of Managerial Psychology, 21 (1): 19 – 35.

[233] Patzelt, H. & Nikolw, P. (2008) Top Management Teams, Business Models, and Performance of Biotechnology Ventures: An Upper Echelon Perspective [J]. British Journal of Management, Vol. 19, 205 – 221.

[234] Pavitt, K. , M Robson , and J. Townsend. (1987) The Size Distribution of Innovating Firms in the UK: 1945 – 1983 [J]. Journal of Industrial Economics, 35 (3) : 273 – 288.

[235] Peterson, R. S. , Smith, D. B. , Martorana, P. V. & Owens PD. (2003) The impact of chief executive officer personality on top management team dynamics: one mechanism by which leadership affects organizational performance [J]. Journal of Applied Psychology, 88 (5): 795 – 808.

[236] Pfeffer, J. (1983) Organizational demography. In L. Cummings & B. Staw (Eds.), Research in organizational behavior [M]. Greenwich, CT: JAI Press, 299 – 357.

[237] Pfeffer, J. (1972) Size and composition of corporate boards of directors: The organization and its environment [J]. Administrative Science Quarterly, 17: 218 – 228.

[238] Pitcher, P. & Smith, A. D. (2001) Top Management Team Heterogeneity: Personality, Power, and Proxies [J]. Organization Science, 12: 1 – 18.

[239] Priem, R. L. , Lyon, D. W. & Dess, G. G. (1999) Inherent limitations of demographic proxies in top management team heterogeneity research [J]. Journal of Management, 25: 935 – 953.

[240] Rajagopalan, N. & Finkelstein, S. (1992) Effects of strategic orientation and environmental change on senior management reward systems. [J]. Strategic Management Journal, Summer Special Issue, 13: 127 – 141.

[241] Richard, O. C. & Shelor, R. M. (2002) Linking top management

team age heterogeneity to firm performance: juxtaposing two mid-range theories [J]. The International Journal of Human Resource Management, 13 (6): 958 – 974.

[242] Rocker, W. (1992) Power and Managerial Dismissal: Scapegoat at the Top [J]. Administrative Science Quarterly, 27 (3): 400 – 421.

[243] Sambharya, R. B. (1996) Foreign experience of top management teams and international diversification strategies of US multinational companies [J]. Strategic Management Journal, 17 (9): 739 – 746.

[244] Sanders, W. G. & Carpenter, M. A. (1998) Internationalization and firm governance [J]. Academy of Management Journal, 32: 12 – 15.

[245] Sanders, W. G. (2001) Behavioral responses of CEOs to stock ownership and stock option pay [J]. Academy of Management Journal, Vol. 44, No. 3, 477 – 492.

[246] Schellenger, Wood Tashakori, Schellenger, M. H., Wood, D. D., & Tashakori, A. (1989) Board of directors composition, shareholder wealth, and dividend policy [J]. Journal of Management, 15: 457 – 467.

[247] Schmidt, R. (1975) Does board composition really make a difference? [J]. Conference Board Record, 12: 38 – 41.

[248] Schrader, S. & Spitzenfuehrungskraefte. (1995) Unternehmensstrategie und Unternehmenserfolg [M]. Tuebingen: Mohr/Siebeck.

[249] Sesil, J., Kroumova, M., Kruse, D., & Blasi, J. (2004) Broad-based Employee Stock Options in the U. S: Company Performance and Characteristics [J/OL] Rutgers University (2 – 29).

[250] Short, H. & Keasey, Y, K. (1999) Managerial ownership and the performance of firms: evidence from the UK [J]. Journal of Corporate Finance, 545: 79 – 101.

[251] Simth, K., Olian, J., Sims, H. Jr, et al. (1994) Top management team demography and process: The role of social integration and communication [J]. Administrative Science Quarterly, 39: 412 – 438.

[252] Singh, H, & Harianto, F. (1989) Management Board Relationships, Takeover risk, and the Adoption of Golden Parachutes. [J]. academy of Management Journal, 32 (1): 7 – 24.

［253］ Smith, J. E, Carson, K. P. & Alexander, R. A. （1984） Leader-ship: it can make a difference ［J］. Academy of Management Journal, 27 （4）: 765 –776.

［254］ Smith, K. G. , Smith, K. A. , Olian, J. D. , et al. （1994） Top management team demography and process: The role of social integration and communication ［J］. Administrative Science Quarterly, 39: 412 – 438.

［255］ Smith, Clifford, W. , Jr and Ross, L. Watts. （1982） Incentive and Tax Effects of Executive Compensation Plans ［J］. Australian Journal of Management, Vol. 7: 139 –157.

［256］ Thomas, A. , K& Ramaswamy. （1991） The Performance Impact of Strategy-manager co alignment: An Empirical Exami-nation ［J］. Strategy Management, （12） : 509 –522 .

［257］ Tihanyi, L. , Johnson, R. A. , Hoskisson, R. E. , & Hitt, M. A. （2003） Institutional Ownership Differences and International Diversifica-tion: The Effects of Boards of Directors and Technological Opportunity ［J］. Academy of Management Journal, 46 （2）: 195 –211.

［258］ Tihanyi, L. , Ellstrand, A. E. , Daily, C. M. , & Dalton, D. R. （2000） Composition of the top management team and firm international di-versification ［J］. Journal of Management, 26 （6）: 1157 –1177.

［259］ Tushman, M. L. & Nadler, D. A. （1978） Information processing as an integrating concept in organization design ［J］. Academy of Management Review, 3: 613 –624.

［260］ Vance, S. C. （1964） Boards of Directors: Structure and Perform-ance ［M］. University of Oregon Press, Eugene.

［261］ Vincent, L Barker Ⅲ , George C & Mueller. （2002） CEO character-istics and firm R&D spending ［J］. Management Science, 48 （6）: 782 – 801.

［262］ Vroom V. H. （1964） Work and Motivation. ［J］. New York: John Wiley and Sons, 15 –18.

［263］ Wei, L. , Wang Z. H. H. &Young M. H. （2003） A test of upper echelons theory in Chinese shareholding enterprises. ［J］. Academy of

Management Best Conference Paper, IM: J1 – J6.

[264] Vroom, V. & Pahl, B. (1971) Relationship between Age and Risk-taking among Managers [J]. Journal of Applied Psychology, 55: 1022 – 1287.

[265] West, C. T. & Schwenk, C. R. (1996) Top management team strategic consensus, demography hichomogeneity and firm performance: A report of resounding nonfindings [J]. Strategic Management Journal, 17 (7): 571 – 576.

[266] Westphal, J. D. (1998) Board games: how CEOs adapt to increases in structural board independence from management [J]. Administrative Science Quarterly, 43 (3): 511 – 537.

[267] Wiersema, M. F., & Bird, A. (1993) Organizational demography in Japanese firms: group heterogeneity individual dissimilarity, and top management team turnover [J]. Academy of Management Journal, 36 (5): 996 – 1025.

[268] Wiersema, M. F. & Bantel, K. A. (1992) Top Management Team Demography and Corporate Strategic Change [J]. Academy of Management Journal, 35: 91 – 121.

[269] Wisrsema, M. F. & Bantel, K. A. (1993) Top Management Team Turnover as an Aadaptation Mechanism: The Role of the Environment [J]. Strategic Management Journal (1986 – 1998), 14 (7): 485 – 511.

[270] Wowak, A. J. & Hambrick, D. C. (in press). A model of Person-Pay interaction: how executives vary in their responses to compensation arrangements [J]. Strategic Management Journal.

[271] Wright, P., Kroll, M., Krug, J. A. & Pettus, M. (2007) Influences of top management team incentives on firm risk taking. [J]. Strategic Management Journal, 28 (1): 81 – 89.

[272] Zajac, E. J. & Westphal, J. D. (1996) Who shall succeed? How CEO board preferences and power affect the choice of new CEOs. [J]. Academy of Management Journal, 39 (1): 64 – 90.